Bruder Jona

Nebelleuchten über Ninive

Was würde Jona heute sagen?

Mediatrix-Verlag

Umschlaggestaltung
Jutta Wanderer

Bestelladresse für Österreich:
Mediatrix-Verlag,
A-4323 St. Andrä-Wördern, Gloriette 5

Bestelladresse für Deutschland:
Mediatrix-Verlag,
D-84495 Altötting, Kapuzinerstraße 7

ISBN 978-3-902722-00-3

2. Auflage 2010

Mediatrix-Verlag
A-3423 St. Andrä-Wördern, Gloriette 5

„Mach dich auf den Weg,
und geh nach Ninive,
in die große Stadt,
und droh ihr das Strafgericht an!
Denn die Kunde
von ihrer Schlechtigkeit
ist bis zu mir heraufgedrungen."
(Jona 1,1-2)

„Schreib auf,
was du gesehen hast:
Was ist und was
danach geschehen wird."
(Offb 1,19)

Bruder Jona, 13. Mai 2009

Inhaltsverzeichnis

Geh nach Ninive!

Können Sie sich vorstellen, wie es mir ergangen ist, als das Wort des Herrn an mich erging: „Mach dich auf den Weg und geh nach Ninive, in die große Stadt, und droh ihr das Strafgericht an! Denn die Kunde von ihrer Schlechtigkeit ist bis zu mir heraufgedrungen" (Jon 1,1-2).

Was hätten Sie getan? In eine Stadt gehen, bei der man drei Tage braucht, um sie zu durchqueren? Gehen Sie nach Tokio, Shanghai, New York oder Berlin und versuchen Sie, den Menschen ein Strafgericht anzudrohen: „Wenn Ihr nicht aufhört, Eure Kinder zu töten; wenn Ihr halsstarrig Euren Leib, Euren Besitz und Eure esoterischen Götter verehrt, wenn Ihr mich vergesst und bekämpft, dann droht Euch ein Strafgericht!"

Wie geht es Ihnen bei der Vorstellung, dies tun zu müssen? Wie reagieren Sie, wenn sich die Menschen in den Straßen lustig machen? Die kirchlichen Vertreter würden Sie wahrscheinlich nicht unterstützen, sie würden Ihren prophetischen Auftrag anzweifeln, die Menschen beruhigen und auf den Gott der Barmherzigkeit und Liebe verweisen.

Bei meinem Auftrag für Ninive kamen mir auch Bedenken. In dieser großen Stadt waren doch nicht alle schlecht, und außerdem, wenn sie nicht auf ihr Gewissen hörten, warum sollten sie meinem Aufruf folgen? Vielleicht verstehen Sie jetzt, warum ich versuchte, weit weg zu segeln.

Aber ich hatte nicht damit gerechnet, dass Gott mit mir mitfuhr! Seelenruhig schlief ich im untersten Raum des Seglers, als ein Sturm losbrach. Die Seeleute fanden mich und erfuhren, dass ich vor meinem Gott flüchtete. Und als der Sturm nicht nachließ, warfen sie mich ins Meer und – der Sturm beruhigte sich!

Niemand glaubt mir heute, was dann geschah: Ein großer Fisch verschlang mich, ohne mich zu verletzen. In meiner Not rief ich zum Herrn, er erhörte mich und der Fisch spie mich an Land.

Danach schickte mich der Herr nochmals nach Ninive. Diesmal gehorchte ich, ging drei Tage durch die Stadt und schrie: „Noch vierzig Tage und Ninive ist zerstört!" (Jon 3,4).

Womit ich nicht gerechnet hatte: Der König und alle Menschen der Stadt kehrten um zu Gott und hüllten sich in Bußgewänder.

Obwohl ich mich über diesen Gesinnungswandel hätte freuen sollen, wurde ich zornig. Ich dachte bei mir: Da kündige ich den Menschen ein Strafgericht an und Gott vollstreckt es nicht; das ist ja grässlich – nun bin ich der Blamierte!

Aber ich dachte, vielleicht passiert doch noch etwas. Ich setzte mich unter einen Rizinusstrauch und wartete, was geschehen würde. Anstelle der Stadt aber zerstörte der Herr durch einen Wurm meinen Strauch. Ich war zornig, doch der Herr belehrte mich: „Dir ist es leid um den Rizinusstrauch, ... Mir aber sollte es nicht leid sein um Ninive, die große Stadt ... „ (Jon 4,10-12).

Liebe Freunde, das war vor 2400 Jahren! Und jetzt soll ich wieder weissagen?

Ich denke an die vielen Propheten, die voraussagten, dass sich um die Jahrtausendwende etwas Besonderes ereignen würde, und prophezeiten, dass die Menschen nach diesem Eingreifen Gottes umkehren würden. Zu groß war für viele die Verderbnis der Welt, zu unerträglich die Lage der Gerechten.

Manche sagten: „Einmal tausend und nimmer tausend!" Der begnadete Don Gobbi prophezeite zum Jahr 2000 den Sieg Mariens. Viele glaubten ihm und den anderen – aber – es geschah nichts oder nicht das, was man sich vorgestellt hatte.

Diesmal war es anders als in Ninive. Es geschah nichts, obwohl die Welt sich nicht bekehrte! Und jene, denen die Untergangspropheten auf den Nerv gegangen waren, jubelten und dachten: „Gott ist doch nur eine Phantasie der ewig Gestrigen!"

„Carpe diem" – lasst uns leben und genießen. Wieder waren die Propheten die Blamierten.

Viele aber sagen, Gott habe die „Zeit der Gnade" auf Grund der Gebete und Opfer seiner Getreuen verlängert. Andere meinen, das sei bloß eine Ausrede.

Oh, Eure Zeit ist schlechter als jene in Ninive! Das ist der Grund, warum ich jetzt wieder weissagen soll. Aber ich tue es sehr ungern, denn ich denke an meine Schande in Ninive und weiß, dass sich auch die Vorhersagen um das Jahr 2000 nicht erfüllten.

Was aber soll ich tun, wenn ich Gottes Stimmer höre: „Du aber sollst ihnen als Prophet alle diese Worte verkünden und zu ihnen sagen: Aus der Höhe herab donnert der Herr, von seiner heiligen Wohnung her lässt er seine Stimme erschallen. Mächtig donnert er über seine Flur und ruft wie die Keltertreter. Zu allen Erdebewohnern dringt der Schall, ja bis ans Ende der Erde; denn der Herr hat einen Rechtsstreit mit den Völkern: Er hält Gericht über alle Sterblichen und liefert die Schuldigen dem Schwert aus – Spruch des Herrn" (Jer 25,30-31). Soll ich wieder flüchten?

Trotz meiner schlechten Erfahrung habe ich beschlossen, diesmal nicht zu flüchten. Ich werde Euch daher auf die Zeit und die Zukunft aufmerksam machen, so wie sie mir vor Augen steht. Ich habe allerdings von Ninive gelernt und wäre nicht mehr traurig, wenn Ihr Euch bekehren würdet. Gott könnte auch jetzt noch alles zurückhalten oder hinauszögern – aber ich muss Euch warnen, denn in der Schrift steht: „Nichts tut Gott, ohne dass er seinen Knechten, den Propheten, zuvor seinen Ratschluss offenbart hat" (Am 3,7).

Wenn die Ereignisse nicht so eintreffen, wie ich sie Euch vorhersage, dann vergesst meine Deutung der Zeit nicht ganz. Die beschriebenen Ereignisse werden kommen, vielleicht zu einer späteren Zeit. Seid auch dann vorbereitet! Jetzt ist immer noch die „Zeit der Gnade", und diese Zeilen werden in dieser „Zeit der Gnade" für all jene geschrieben, die bereit sind zu hören.

Nicht allen Propheten erging es so wie mir. Viele Prophezeiungen trafen genau so ein. Im Alten und im Neuen Testament finden sich viele derartige Berichte. Denkt an die Zerstörung Jerusalems! Jesus sagte den Jüngern: „Wenn ihr aber seht, dass Jerusalem von einem Heer eingeschlossen wird, dann könnt ihr daran erkennen, dass die Stadt bald verwüstet wird. Dann sollen die Bewohner von Judäa in die Berge fliehen; wer in der Stadt ist, soll sie verlassen, und wer auf dem Land ist, soll nicht in die Stadt gehen" (Lk 21,20-21).

Die Christen erinnerten sich an dieses Wort Jesu und flüchteten aus der Stadt ins Ostjordanland. Die Römer kamen und vernichteten Jerusalem, die Christen aber blieben unversehrt. Betrachtet auch die Geschichte Eurer Heiligen und Ihr werdet staunen, wie Gott durch die Jahrhunderte hindurch seine Diener führte.

Schaut nach Fatima: „Wenn ihr eine Nacht von einem unbekannten Licht erhellt seht, dann wisst, dass dies das große Zeichen ist, das Gott euch gibt, dass Er die Welt für ihre Missetaten durch Krieg, Hungersnot, Verfolgungen der Kirche und des Heiligen Vaters bestrafen wird"[1].

Dies sagte die Muttergottes im Jahr 1917! Wer ahnte damals, welch weitreichende Folgen die kommunistische Revolution haben würde.

Also, ich wage es und erhebe meine Stimme. Ich flehe Euch an: Kehrt um, bekehrt Euch, denn sonst werdet Ihr Euch bald selbst vernichten. Achtet auf die Zeichen der Zeit, deren viele durch die Heiligen Gottes geoffenbart wurden.

Vergesst nicht das Wort Jesu: „Ihr Heuchler! Das Aussehen der Erde und des Himmels könnt ihr deuten. Warum könnt ihr dann die Zeichen dieser Zeit nicht deuten? Warum findet ihr nicht schon von selbst das rechte Urteil?" (Lk 12, 56-57).

Was rät Jesus seinen Jünger im Hinblick auf das Ende?

„Sag uns, wann wird das geschehen, und an welchem Zeichen wird man erkennen, dass das Ende von all dem bevorsteht? Jesus

---

[1] Kongregation für die Glaubenslehre, Zweite Botschaft von Fatima, Vatikan, 2000

sagte zu ihnen: Gebt Acht, dass euch niemand irreführt! Viele werden unter meinem Namen auftreten und sagen: Ich bin es! Und sie werden viele irreführen. Wenn ihr dann von Kriegen hört und Nachrichten über Kriege euch beunruhigen, lasst euch nicht erschrecken! Das muss geschehen. Es ist aber noch nicht das Ende. Denn ein Volk wird sich gegen das andere erheben und ein Reich gegen das andere. Und an vielen Orten wird es Erdbeben und Hungersnöte geben. Doch das ist erst der Anfang der Wehen" (Mk 13,4-8).

„Lernt etwas aus dem Vergleich mit dem Feigenbaum! Sobald seine Zweige saftig werden und Blätter treiben, wisst ihr, dass der Sommer nahe ist. Genauso sollt ihr erkennen, wenn ihr (all) das geschehen seht, dass das Ende vor der Tür steht. Amen, ich sage euch: Diese Generation wird nicht vergehen, bis das alles eintrifft. Himmel und Erde werden vergehen, aber meine Worte werden nicht vergehen. Doch jenen Tag und jene Stunde kennt niemand, auch nicht die Engel im Himmel, nicht einmal der Sohn, sondern nur der Vater. Seht euch also vor und bleibt wach! Denn ihr wisst nicht, wann die Zeit da ist. Es ist wie mit einem Mann, der sein Haus verließ, um auf Reisen zu gehen: Er übertrug alle Verantwortung seinen Dienern, jedem eine bestimmte Aufgabe; dem Türhüter befahl er, wachsam zu sein. Seid also wachsam! Denn ihr wisst nicht, wann der Hausherr kommt, ob am Abend oder um Mitternacht, ob beim Hahnenschrei oder erst am Morgen. Er soll euch, wenn er plötzlich kommt, nicht schlafend antreffen. Was ich aber euch sage, das sage ich allen: Seid wachsam!" (Mk 28-37).

Eines muss ich noch klarstellen: In Ninive verkündete ich direkt das *Wort Gottes*. Nun aber schildere ich *meine Sicht* von der Zukunft auf Grund von Botschaften und Schauungen anderer.

13. Mai 2009
Euer Bruder Jona

Die Zeichen der Zeit

Moralischer Verfall

Mich wundert es, dass Gott seit dem zweiten Weltkrieg Westeuropa vor Unheil und Krieg bewahrt hat. Ninive war sicherlich verkommen, aber die Bewohner der Stadt hätten sich totgelacht, wenn jemand damals behauptet hätte, man könne sein Geschlecht selbst bestimmen, selbst sagen, ob man Mann oder Frau sei. Dieser Unsinn hätte in Ninive niemals Recht werden können!

Ich bin zwar kein besonderer Freund von Eurem berühmten Psychoanalytiker Sigmund Freud, aber mich fasziniert seine treffende Aussage über die Scham: *„Der Verlust der Scham ist das erste Zeichen von Schwachsinn!"*

Erinnert euch: Mit der 68-Revolution habt Ihr endgültig die Scham verloren. Ein Zeitungsbericht schildert dies so:
„Am 7. Juni 1968 findet an der Uni in Wien die Aktion ‚Kunst und Revolution' statt. Mit seinen Künstlerkollegen Otto Mühl, Oswald Wiener und Peter Weibel erklimmt Günter Brus das Pult des Hörsaals 1 der Wiener Uni, entkleidet sich, ritzt sich mit einer Klinge an Brust und Oberschenkel, uriniert in ein Glas, legt sich nieder, onaniert und singt dazu die österreichische Bundeshymne. Der größte Kunstskandal der Zweiten Republik ist perfekt"[2].
Mit dieser „Aktion" waren nun alle Tabus gefallen! Seit damals werden derartige „Aktionskünstler" hofiert und geehrt. Bilder aus Blut und Spermien hängen in Museen und öffentlichen Gebäuden; Schauspieler agieren in der Unterwäsche oder gar nackt auf vielen Bühnen. Findet Ihr solche „Aktionen" nicht peinlich, ekelt es Euch nicht?

Und welcher „Schwachsinn" ist dem „Verlust der Scham" gefolgt? Es ist vor allem die so genannte „Gender-Ideologie", über die Papst Benedikt XVI. gesagt hat:

---

[2] Peter Stoeckl in der Wiener Zeitung, Über bildende Kunst in Österreich, 2000

„Es ist nicht überholte Metaphysik, wenn die Kirche von der Natur des Menschen als Mann und Frau redet und das Achten dieser Schöpfungsordnung einfordert. Da geht es in der Tat um den Glauben an den Schöpfer und das Hören auf die Sprache der Schöpfung, die zu missachten Selbstzerstörung des Menschen und so Zerstörung von Gottes eigenem Werk sein würde. Was in dem Begriff ‚Gender' vielfach gesagt und gemeint wird, läuft letztlich auf die Selbstemanzipation des Menschen von der Schöpfung und vom Schöpfer hinaus. Der Mensch will sich nur selber machen und sein Eigenes immer nur selbst bestimmen. Aber so lebt er gegen die Wahrheit, lebt gegen den Schöpfergeist"[3].

Wirtschaftskrisen und Währungsboykott

Spätestens seit dem Jahr 2008 wisst Ihr, dass unser Wohlstand nicht selbstverständlich ist und vor allem, dass die Wirtschaft nicht endlos wachsen kann. Ein bisschen Zinseszinsrechnung hätte es Euch schon längst bewiesen: Das kann nicht gut gehen! Bedenkt, wenn ich vor 2400 Jahren in Ninive nur einen Cent mit 3% Verzinsung für Euch auf die Bank gelegt hätte – ein Zinssatz von 3% entspricht Eurem „gesunden Wirtschaftswachstum" – dann wären das heute $1,03^{2400}$ Cent! Der Taschenrechner zeigt die Zahl $6,45x10^{30}$. Das wären also 6,45 Cent mit 30 Nullen dahinter – vollkommen unvorstellbar!

Wenn der ganze Mond aus Gold bestünde, so entspräche dies bei einem Goldpreis von 30.000 Euro/kg (Stand August 2010) und einer Mondmasse von $7,349x10^{22}$ kg genau 29,2 – also knapp 30 – Mondkugeln aus reinem Gold! (Bei 4% wären dies ca. 1 Milliarde Erdkugeln!). Glauben Sie noch an ein unbegrenztes Wirtschaftswachstum?

Die Autobranche ist besonders von der Krise betroffen. Die durchschnittliche Nutzungsdauer eines Autos liegt bei 12 Jahren. Deshalb führte man Anfang 2009 auch eine Verschrottungsprämie für ältere Fahrzeuge ein. Die Autoindustrie braucht ja dieses Wachstum. Bei 3% Wachstum müsste man aber in 84 Jahren je-

---

[3] P. Benedikt XVI., Ansprache vor dem Kardinalskollegium am 22. Dezember 2008

des Jahr ein neues Auto kaufen, in 304 Jahren an jedem Tag!!!
Die Grenzen des Wachstums sind so offensichtlich, dass man
darüber nicht weiter diskutieren muss – oder?

Klimawandel

Ihr wundert Euch über die Änderungen in der Natur? Die Naturkatastrophen nehmen ununterbrochen zu. Dazu braucht man nur
die Finanzberichte der Versicherungsgesellschaften zu Rate ziehen. Aber wundert Euch doch nicht. Wer auf einem Hasen reiten
will, wird Probleme bekommen. Ihr habt Euren Planeten ausge-
beutet. Schon die Heilige Hildegard hat gewarnt und geschrieben:
„Und ich hörte, wie mit einem wilden Schrei die Elemente der
Welt riefen: ,Wir können nicht mehr laufen und unsere Bahn
nach unseres Meisters Bestimmung vollenden. Denn die Menschen kehren uns mit ihren schlechten Taten wie in einer Mühle
von unterst zu oberst. Wir stinken schon wie die Pest und vergehen vor Hunger nach der vollen Gerechtigkeit.' (...) Doch nun
sind alle Winde voll vom Moder des Laubes, und die Luft speit
Schmutz aus, so dass die Leute nicht einmal mehr recht ihren
Mund aufzumachen wagen. Auch welkte die grünende Lebens-
kraft durch den gottlosen Irrwahn der verblendeten Menschensee-
len. Nur ihrer eigenen Lust folgen sie und lärmen: ,Wo ist denn
ihr Gott, den wir niemals zu sehen bekommen?'"[4].
Wundert Euch also nicht!

Glaubensabfall

In allen Marienerscheinungen beklagt sich die himmlische Mutter
über den Abfall vom Glauben. Überall ruft sie zu Umkehr und
Bekehrung auf. In Amsterdam sagt sie über unsere Zeit: „Solch
eine Zeit hat die Welt in Jahrhunderten noch nicht durchgemacht,
so einen Verfall des Glaubens"[5]. Und er geschieht raffiniert, mitten durch die besten Familien!

---

[4] Der Mensch in der Verantwortung /Liber vitae meritorum S.133 Schipperges,
   Otto Müller Verlag 1972
[5] Die Botschaften der Frau aller Völker, Miriam, 1998, 29. Botschaft vom 28.3.1951

Der Schlüssel Amsterdam

Die Botschaft von Amsterdam

Amsterdam ist die Stadt der „Heiligen Eucharistie", da sich in dieser Stadt im Jahre 1345 ein bedeutendes Eucharistisches Wunder ereignet hat. In dieser Stadt wurden der Büroangestellten Ida Peerdeman in den Jahren 1945 bis 1951 insgesamt 56 apokalyptische Botschaften gegeben, die überall verbreitet werden sollen. Die meisten dieser Botschaften sind „verschlüsselt", man wird sie erst verstehen, wenn die Zeit dafür reif ist. Die Prophezeiungen betreffen Kirche, Welt und Politik. Dazu je ein Beispiel:

Zur Kirche:

„Weißt du wohl, Rom, wie alles unterhöhlt wird? Jahre werden verfliegen, Jahre werden darüber hingehen, aber je mehr Jahre, je weniger Glaube. Je mehr Jahre, desto mehr Abfall"[6].

Zur Politik:

„Europa ist in zwei Teile geteilt. Ich lösche diese Linie mit einem Griff aus"[7]. Kann man den Fall des Eisernen Vorhangs kürzer und deutlicher beschreiben?

Zur Welt:

„Unruhestiftende Erfindungen werden kommen, so dass selbst eure Hirten fassungslos sein werden und sagen: ‚Wir kennen uns nicht mehr aus'. Achtet dann auf diese Worte, welche die Frau euch am 31. Mai gesagt hat. Der Vater weiß alles und lässt alles zu, was in der Welt geschehen wird"[8].

Dies waren nur drei Beispiele aus einer Fülle von Aussagen über Kirche, Welt und Politik.

Die Erscheinungen von Amsterdam wurden vom zuständigen Bischof von Haarlem am 31. Mai 2002 offiziell anerkannt. Den Botschaften kommt daher aus christlicher Sicht besondere Bedeutung zu.

---

[6] Die Botschaften der Frau aller Völker, Miriam, 1998, 35. Botschaft vom 15.8.1951
[7] Die Botschaften der Frau aller Völker, Miriam, 1998, 25. Botschaft vom 10.12.1950
[8] Die Botschaften der Frau aller Völker, Miriam, 1998, 51. Botschaft vom 31.5.1955

Die „Amsterdamer Jahre"

Eine besondere Stellung nehmen in diesen Botschaften die sogenannten „Amsterdamer Jahre" ein. In der 19. Botschaft heißt es:
„Jetzt sehe ich zwischen der Frau und dem Papst eine ‚50' stehen." Am 16.12.1949 heißt es dann: „Sie lässt mich dann auf einer Tafel lesen: ‚50-51-53', und sie sagt: ‚In diesem Zeitraum
werden Kampf und Katastrophen kommen.'" Das bedeutet, Maria, die Frau, gibt Jahreszahlen für bestimmte Ereignisse an. Diese Zahlen sind aber genauso verschlüsselt wie die Botschaften
selbst. Wenn man die ‚50' zwischen der Frau und dem Papst ent-
schlüsseln kann und weiß, welchem Kalenderjahr die Zahl ‚50'
entspricht, dann kann man auch die folgenden Jahre zuordnen.
Man wird dies tun können, wenn die Zeit dafür reif ist. Die Frau
sagt ja selbst: „Es wird sich mit den Jahren herausstellen"[9].

Was geschieht in den einzelnen Jahren?
Im Folgenden ein Überblick über jene Botschaften, in denen ein
„Amsterdamer Jahr" genannt wird:

23. Botschaft:
   „ ... ich sehe geschrieben stehen: ‚51-53' ... ich bekomme auf
   einmal etwas in die Hand. Es ist, als müsse ich es aus der Luft
   greifen. Es kommt aus großer Höhe herunter. Ich höre die
   Stimme sagen: ‚Meteore, achte darauf.' Jetzt sagt die Frau:
   ‚Komm!' Wir gehen weiter, und sie sagt: ‚Der Kampf auf
   Korea geschieht zum Schein und ist der Beginn von großem
   Elend.'"

29. Botschaft:
   „‚51-53'. Weißt du, Kind, was das für ein Zeitabschnitt ist?
   Solch eine Zeit hat die Welt in Jahrhunderten noch nicht
   durchgemacht, so einen Verfall des Glaubens ... „
   „Das Kreuz muss wieder in die Welt gebracht werden. In diesen Jahren ‚51-53'. Du ahnst nicht, was in der Zukunft ver-
   borgen liegt. Du ahnst nicht die große Gefahr für Rom."

---

[9] Die Botschaften der Frau aller Völker, Miriam, 1998, 19. Botschaft vom 3.12.1949

36. Botschaft:

„Und nun sehe ich ‚52' geschrieben stehen. Die Frau sagt: ‚Es stehen große, ernste Ereignisse bevor, geistige, wirtschaftliche und materielle' ... Die Christen sollen sich auf der ganzen Welt zusammenscharen."

44. Botschaft:

„'53' ... große Bedrohungen hängen über der Welt. Die Kirchen werden noch mehr unterwandert werden ... Dieses Bild wird in die Niederlande nach Amsterdam kommen, und zwar im Jahr ‚53'. Es wird in die neue Kirche kommen, in die Kirche der Frau aller Völker."

45. Botschaft:

„‚53', das ist das Jahr der Frau aller Völker ... ‚53'. Völker Europas, schließt euch zusammen! ... Aber die Völker werden zusammen mit der Kirche – verstehe gut, mit der Kirche – mein Gebet in diesem Jahr beten müssen."

46. Botschaft:

„‚53' ist das Jahr der Frau aller Völker. ‚53' ist das Jahr, in dem sie unter diesem Titel den Völkern bekannt gemacht werden muss. ‚53' ist das Jahr, in dem sich große Weltereignisse und Weltkatastrophen abspielen werden und drohen."

47. Botschaft:

„Das Jahr ‚53', das ist das Jahr, in dem die Frau aller Völker in die Welt gebracht werden muss ... Wenn sie das tun, dann werden die Völker Europas nach ‚54' vor Erleichterung aufatmen ... Du sollst im Jahre ‚54' diesen neuen Titel den Völkern verkünden."

„Die drei Päpste"

In der 4. Botschaft heißt es: „Jetzt lässt mich die Frau drei Päpste sehen. Links in der Höhe steht Papst Pius X. Unser Papst, Pius XII., steht in der Mitte. Rechts sehe ich einen neuen Papst. Die Frau zeigt auf die drei Päpste und sagt: ‚Diese drei, das ist ein Zeitabschnitt. Dieser Papst und der neue, sie sind die Kämpfer.'" Die Frau spricht von drei nicht unmittelbar aufeinanderfolgenden

Päpsten, denn zwischen Pius X. und Pius XII. gab es ja noch zwei
Päpste: Benedikt XV. und Pius XI.

Pius X. regierte von 1903-1914. Unmittelbar vor dem Tod des
Papstes (20.8.1914) wurde am 28.7.1914 der 1. Weltkrieg erklärt.
Pius XII. (1939-1958) war der Papst des 2. Weltkrieges.
Sollte in das Pontifikat von Papst Benedikt XVI. ein neuer Krieg
fallen, dann wäre er der dritte „Kämpfer".

Es fällt auf, dass die Frau von einem „neuen Papst" und einem
„neuen Krieg" spricht, der viel später (als 1945) kommen würde,
„seltsam" sei und „schreckliches Unheil verursachen wird"[10].

„Diese drei, das ist ein Zeitabschnitt"

Die Graphik zeigt im Wesentlichen die Päpste im 20. Jahrhundert
und die beiden Weltkriege. Mit Fragezeichen ist der „seltsame
Krieg" – wahrscheinlich unter Papst Benedikt XVI. markiert.
Warum die Frau nicht Benedikt XV. erwähnte, der ja während
des gesamten 1. Weltkrieges Papst war, weiß ich nicht. Offenbar
sollten die Päpste, die am Beginn und Ende der Periode residier-
ten, erwähnt werden. Als Papst, der sich besonders für den Frieden eingesetzt hat, müsste ja auch Johannes Paul II. erwähnt werden. Aber unter seiner Regentschaft gab es keinen weltumspan-
nenden Krieg. Er wird daher in diesem Zusammenhang nicht genannt.

---

[10] Die Botschaften der Frau aller Völker, Miriam, 1998, 4. Botschaft vom 29.8.1945

Die ‚50' zwischen ‚der Frau' und ‚dem Papst'

Kommen wir auf den Text zurück: „Jetzt sehe ich zwischen der Frau und dem Papst eine ‚50' stehen." Was also bedeutet die ‚50' zwischen „der Frau" und „dem Papst"? Schließlich geht es auch um die Klärung, welche Jahreszahlen sind „dem Papst" und „der Frau" zuzuordnen, damit die „50" einen Sinn ergibt? Und schließlich – wer sind „der Papst" und „die Frau"? Für den ersten Blick scheint dies unlösbar zu sein.

Ich hatte plötzlich eine Idee, bin ihr nachgegangen und fündig geworden. Meine Ergebnisse werde ich weiter unten darlegen. Ich glaube, eine schlüssige Interpretation gefunden zu haben; aber bitte beachten Sie: Meine Idee ist keine Offenbarung.

„Die ‚50' zwischen ..."

Ich habe mein Augenmerk zuerst auf die Aussage „zwischen" gelegt. Zwischen der Frau und dem Papst steht eine „50". Nehmen wir als Beispiel die ersten beiden Weltkriege: 1914-1918 und 1938-1945 (nach Lucia Santos von Fatima war der Einmarsch in Österreichs der eigentliche Beginn des 2. Weltkrieges). Normalerweise sagt man: „Zwischen den beiden Weltkriegen lagen 20 Jahre". Man rechnet also von einer Jahreszahl zur zweiten, also von 1918 bis 1938. Dazwischen liegen 20 Jahre. Bei dieser einfachen Rechnung gibt es aber einen Interpretationsfreiraum, den ich mit einer einfachen Grafik darstellen will.

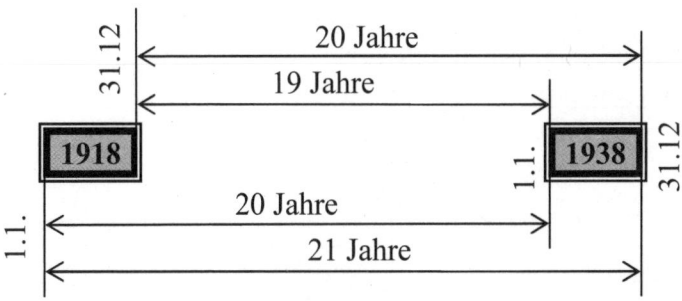

Zwischen den Jahreszahlen 1918 und 1938 liegen „sprachlich" immer 20 Jahre. Rechnerisch stimmt dies nur, wenn ich mich jeweils auf das gleiche Datum (Tag, Monat) beziehe.

Zwischen den konkreten Daten der Ereignisse in den jeweiligen Jahren können auch nur 19 oder sogar 21 Jahre liegen (siehe Grafik). Die Angabe von 20 Jahren ist daher je nach Beginn und Ende des Bezugspunktes in den einzelnen Jahren mit einer Toleranz von +/- 1 Jahr zu ergänzen! Ich werden dies später auch für die „Amsterdamer Jahre" tun müssen.

Wer ist „der Papst"?

Wer ist „der Papst", auf den in der Botschaft Bezug genommen wird? Die Botschaften „der Frau" wurden in den Jahren 1945-1951 gegeben. Die erste Botschaft, in der die „Amsterdamer Jahre" genannt wurden, empfing die Seherin am 3.12.1949. Während der gesamten Erscheinungszeit gab es nur einen Papst: Pius XII.! „Der Papst", auf den die Botschaften Bezug nehmen, wird daher sinnvollerweise Papst Pius XII. sein.

Wenn nun zwischen „dem Papst" und „der Frau" eine ‚50' steht, und die ‚50' fünfzig Jahre bedeuten, dann muss man vom Ende des Pontifikates des Papstes ausgehen. Papst Pius XII., der Papst der „Amsterdamer Erscheinungen", starb am 9.10.1958.

Der Todestag von Papst Pius XII. ist daher der Bezugspunkt für meine weiteren Überlegungen zur Berechnung der „Amsterdamer Jahre".

Wer ist „die Frau"?

Zählen wir zum Jahr 1958 die „50" Jahre hinzu, so kommen wir auf das Jahr 2008, genau genommen auf den 9.10.2008. Soll dieser Bezug einen Sinn ergeben, so müsste das Jahr 2008 mit „der Frau" in Verbindung stehen. Tut es das?

Ja! Es gibt im Jahre 2008 einen bedeutenden Bezug zu Maria, ein besonderes Marienjahr – das 150-Jahr-Jubiläum von Lourdes!

Am 11.2.1858 erschien in Lourdes die Jungfrau Maria der Hl. Bernadette Subirous.

Vom 8.12.2007 bis zum 8.12.2008 wurde das 150-Jahr-Jubiläum der Erscheinungen von Lourdes feierlich begangen. Papst Benedikt XVI. zelebrierte am 15.9.2008 in Lourdes die Heilige Messe. Das Jahr 2008 kann man daher auch als ein Jubiläumsjahr „der Frau" bezeichnen. Schließlich offenbarte sich Maria in Lourdes als die „Unbefleckte Empfängnis". Dieses Ereignis der „Vorerlösung" machte Maria „zur Frau" der Heilsgeschichte.

Sie ist „die Frau", die der Schlange den Kopf zertritt, „die Frau", die Jesus unter dem Kreuz zur Mutter der Kirche machte und „die Frau" der Apokalypse.

Interessant ist auch, dass Papst Pius XII., der im Jahr 1950 das letzte Marianische Dogma verkündete, im Jahr des 100-Jahr-Jubiläums von Lourdes starb.

Die „Kette der Jubiläen" ist in der folgenden Grafik dargestellt.

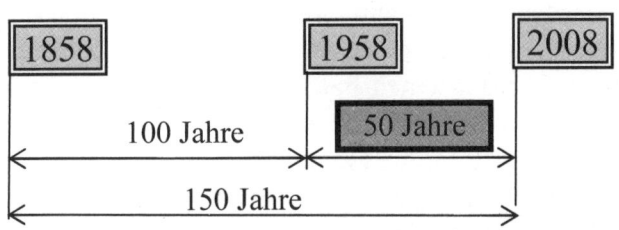

Entschlüsselung der „Amsterdamer Jahre"

Die Botschaften zu den einzelnen Amsterdamer Jahren habe ich schon erwähnt. Jetzt kann ich diese Ereignisse auch in einer Zeitlinie festhalten.

Der Bezugspunkt hierzu ist der Tod des Papstes Pius XII. am 9.10.1958. Am 10.10.2008 hätte damit das Jahr ‚51' begonnen.

„Amsterdamer Jahr"	‚50'	‚51'	‚52'	‚53'	‚54'	
Kalenderjahr +/- 1	2008	2009	2010	2011	2012	später
Ereignis:	**Kampf und Katastrophen**				**Dogma**	**Friede**

Es wäre daher das Kalenderjahr 2009 fast zur Gänze das „Amsterdamer Jahr" ‚51'. Für alle „Amsterdamer Jahre" ergibt sich demnach folgendes Schema (mit der Unschärfe von +/- einem Jahr): Die Jahre ‚51' bis ‚53' werden sehr schlimm werden, so dass die Frau sagt: „Es ist nicht auszuhalten"[11].

Um zu meiner Mission zurückzukommen: Ich möchte auf diese Zeit hinweisen, damit man sich bestmöglich einstellen kann und weiß, dass diese Zeit vorüber gehen wird. Ich gehe daher auch heute durch das Ninive dieser Zeit, um zur Umkehr aufzurufen. Denn Buße und Umkehr können die Ereignisse mildern, wenn nicht sogar aufhalten. Gerne würde ich wieder unter dem Ginsterstrauch sitzen und erleben, dass nichts geschieht. Es gibt aber kaum Hoffnung, denn es sind wenige, die umkehren!

Andere konkrete Hinweise auf diese Jahre

Natürlich werden viele fragen: Gibt es nicht auch andere Hinweise auf diese kritische Zeit? Ja, es gibt sie! „Amsterdam" jedoch hat für einen Christen einen besonderen Stellenwert, weil diese Botschaften kirchlich anerkannt sind. Die „Amsterdamer Jahre" werden sicher eintreffen; die Frage ist nur, wann.
Einige weltliche Propheten bezeichnen das Jahr 2012 als „kritisches Jahr". Der Maya-Kalender endet mit dem Jahr 2012, der Jüdische Kalender mit dem Jahr 2017. Ist das nicht beachtlich?

Doch 2012 (‚54'?) ist nicht das Ende der Welt, sondern es beginnt – gemäß den „Amsterdamer Botschaften" – die „große Weltaufgabe". Diese „große Weltaufgabe" besteht in einer nie geahnten Fruchtbarkeit der Evangelisation auf der ganzen Erde. Dies bringt einen „neuen Frühling" der Kirche hervor, von dem viele Heilige und heiligmäßige Personen sprechen.

Der bekannte Priester Dr. Herbert Madinger hat schon öfter in Zusammenhang mit Medjugorje das Jahr 2009 als bedeutungsvol-

---

[11] Die Botschaften der Frau aller Völker, Miriam, 1998, 20. Botschaft vom 7.10.1945

les Jahr erwähnt. Er meint, dass die Erscheinungen 28 (4x7) Jahre nach deren Beginn (1981) enden werden.

Zu den 4x7: „4" bedeutet die Zahl der Welt und „7" ist die heilige Zahl. Damit wäre das Ende der „Gnadenzeit", von der Maria in Medjugorje so oft spricht, im Juni 2009 erreicht. Aber das muss natürlich nicht stimmen.

Auch von neueren Sehern werden entsprechende Jahreszahlen erwähnt. So sagt die Seherin von Manduria, dass am 12.12.2012 alles „vorüber" sein werde. Debora hat am 12.12.2012 Geburtstag, das Datum ist daher für sie persönlich, aber nicht heilsgeschichtlich bedeutend.

Auch andere Seher sehen unmittelbare Gefahren für die Welt. Auch wenn die genannten Personen unter priesterlicher Begleitung stehen, so sind dies kirchlich noch nicht anerkannte Botschaften, die man immer genau prüfen muss.

Diese wenigen Aussagen decken sich mit der von mir ermittelten Zeittafel von Amsterdam, wobei wir bei den Jahreszahlen nie die +/- 1 vergessen dürfen. Ich werde deshalb im weitern nicht das Kalenderjahr, sondern nur das „Amsterdamer Jahr" erwähnen. Sie können ja mit der Tabelle (S 21) die Zuordnung herstellen.

Gibt es Hinweise von Heiligen?

Auch wenn Amsterdam kirchlich anerkannt ist, wird man doch fragen, ob es nicht auch Hinweise von Heiligen auf die kommende Zeit gibt. Drohen uns wirklich so schwere Zeiten?

Meine Antwort ist ein klares „JA". Leider kann ich nichts anderes schreiben. Ja, es gibt eine Reihe von Heiligen und Seligen und Menschen, deren Seligsprechungsprozess noch läuft, die klar von einschneidenden Ereignissen in der Zukunft sprechen. Auch ernst zu nehmende Laien haben Gesichte und Visionen von der Zukunft gehabt. Und wenn ich „Zukunft" sage, so meine ich die unmittelbar vor uns liegende Zeit. Ich möchte nur einige bedeutende Aussagen anführen.

Don Bosco

Der Heilige Don Bosco ist neben seinen pädagogischen Fähigkeiten auch durch seine seherische Gabe sehr bekannt geworden. Die meisten seiner Aufzeichnungen liegen unter Verschluss im Vatikan. Es genügen aber die uns bekannten Prophetien, um einiges zeitlich einordnen zu können und auf anderes vorbereitet zu sein.

Am berühmtesten ist sein Traum vom Schiff des Papstes. Ein bekanntes Bild, das in Turin aufbewahrt wird, zeigt das Schiff des Papstes zwischen zwei Säulen, einer „Säule der Eucharistie" und einer „Säule der Muttergottes". In diesem Traum wird der Papst nach einer furchtbaren Schlacht schwer getroffen, verwundet und nach seiner Genesung getötet. Der Nachfolger bindet aber das Schiff der Kirche an den beiden Säulen an, und der Kampf beruhigt sich.

Dass mit dem verwundeten Papst Johannes Paul II. gemeint ist, kann man als sicher annehmen. Er kam zwar nicht direkt durch ein zweites Attentat ums Leben, aber er starb offenbar vorzeitig an den Spätfolgen des Attentates.

Wir sehen an diesem Beispiel, dass auch in Prophetien von Heiligen ein Spielraum gegeben ist. Möglicherweise wurde für Papst Johannes Paul II. so viel gebetet, dass das zweite Attentat ausblieb (Gott sei Dank!).

Ich möchte Sie nun auf zwei wichtige Marksteine hinweisen, die Papst Johannes Paul II. gesetzt hat.

Die „Säule Mariens"

Von Oktober 2002 bis Oktober 2003 hat der Papst ein Rosenkranzjahr ausgerufen. Mit diesem „Marianischen Jahr" und dem Apostolischen Schreiben „Rosarium Virginis Mariae" hat Papst Johannes Paul II. bildlich gesprochen die „Säule Mariens" errichtet.

Die „Säule der Eucharistie"

Kurz darauf rief der Papst von Oktober 2004 bis Oktober 2005 ein „Eucharistisches Jahr" aus. Gleichzeitig veröffentlichte er die

Enzyklika „Ecclesia de Eucharistia". Dadurch hat er wohl die größere „Säule der Eucharistie" errichtet.

Es fällt auf, dass die beiden Jubeljahre jeweils von Oktober bis Oktober dauerten und eher mit dem Kirchenjahr als dem Kalenderjahr zusammenfielen. Papst Pius XII. starb auch im Oktober; dies ist der Grund, warum ich die „Amsterdamer Jahre" vom Oktober an gerechnet habe.

Erfüllung des Traumes von Don Bosco

Papst Benedikt XVI. hat zwei Zeichen gesetzt, die den Traum Don Boscos quasi „materialisieren", sichtbar, greifbar machen und erfüllen. Was Don Bosco in seinem Traum sah, das konnte in den Jahren 2005 und 2006 jedermann am Bildschirm miterleben.

<u>Das erste Zeichen:</u> *Der Papst am Schiff*

Im Rahmen des Weltjugendtages 2005 fuhr Papst Benedikt XVI. mit einem Schiff am Rhein. Die Ufer waren von Gläubigen, Jugendlichen und Neugierigen überfüllt. Der Papst stand im weißen päpstlichen Gewand alleine am Bug des Schiffes und winkte in die Menge! Es gibt ein Foto, das dieses Ereignis eingefangen hat. Ich kann es leider hier nicht wiedergeben, weil ich nicht weiß, wer die Rechte für das Bild hat. Aber wenn man dieses Bild neben dem von Don Bosco sieht, dann braucht es keine weiteren Erklärungen; das ist „der Papst"!

<u>Das zweite Zeichen:</u> *Das Festbinden des Schiffes der Kirche an den Säulen der Eucharistie und Mariens.*

Als Papst Benedikt XVI. am 9.9.2006 am Marienplatz in München seine apostolische Reise begann, betete er vor der Mariensäule: „Du hast in der entscheidenden Stunde deines Lebens gesagt: Siehe, ich bin die Magd des Herrn (Lk 1, 38) und hast dein ganzes Leben als Dienst gelebt. Du tust es weiter die Jahrhunderte der Geschichte hindurch ... Du trägst Jesus auf deinen Armen, das segnende Kind, das doch der Herr der Welt ist. So bist du, den Segnenden tragend, selbst zum Segen geworden. Segne uns und diese Stadt und dieses Land."

Zwei Tage später zelebrierte Papst Benedikt XVI. am Kapellplatz in Altötting einen Festgottesdienst. Bei der Predigt ging er auf die Hilfe der „fürbittenden Mutter" ein, die alles dem Herrn überlässt. Unmittelbar nach der hl. Messe trug der Papst in einer Prozession das Allerheiligste in die neu eingerichtete und geweihte Anbetungskapelle. In der Prozession wurde auch die Gnadenstatue von Altötting, die „Schwarze Madonna" mitgeführt. Der Papst stellte die Monstranz in der „alten Schatzkammer", die nun zur „Schatzkammer des Herrn" umgebaut wurde, auf eine **SÄULE**.

Diese Säule ist ein Teil der ursprünglichen Mariensäule von München. (In der Kapelle befindet sich eine kleine Tafel, auf der dieser Hinweis steht). Damit „trägt" Maria in Altötting sozusagen „als Säule" ihren Sohn Jesus. Sie ruft uns wie in Kana zu: „Was Er euch sagt, das tut" (Joh 2,5). Papst Benedikt XVI. setzt dieses Zeichen hinein in eine Welt ohne Gott mit der Hoffnung, dass „auf wahrhaft göttliche Weise auch die Not des Augenblicks gelöst" werde.

Don Bosco beschreibt auch eine kommende Flucht des Papstes und seine feierliche Rückkehr. Er sagt: „In Italien wird einmal sehr viel Blut fließen. Nach gewaltigen Kämpfen werden die Leichen auf der Straße liegen bleiben. Der Papst wird, von nur zwei Kardinälen begleitet, aus dem Vatikan fliehen"[12]. Er sagt auch: „Vom Beginn des Exils (des Papstes) bis zum Gesang des Tedeum erhob sich die Sonne 200 Mal"[13]. Das bedeutet, dass nach der Flucht des Papstes knapp 7 Monate vergehen, bis im Petersdom wieder das Tedeum erklingen wird.

Hl. Pater Pio

Auch von Pater Pio gibt es Prophetien, die unsere Zeit betreffen. Über die Kommunistische Revolution sagt er:

„Auch Italien wird einen Kommunistenschreck erleben ... Die rote Fahne im Vatikan ... Doch, das wird vorübergehen ... Padre,

---

[12] http://www.etika.com/d90a30et/90a40.htm
[13] Angerer Anton, Das steht der Welt noch bevor, Mediatrix, 2004, S 216

werden auch wir die Kommunisten an der Macht haben? Sie werden sie (die Macht) überraschend erreichen ... ohne Schwertstreich ... Wir werden sie über Nacht an der Macht sehen"[14].

Über Jahreszahlen machte er keine Aussagen, wohl aber über die Ereignisse in dieser kommenden Zeit. Pater Pio spricht auch ausführlich über die „dreitägige Finsternis", davon aber später.

Heilige Sr. Faustyna

Eine der interessantesten Aussagen von Sr. Faustyna über die Zukunft ist: „Im Alten Testament habe Ich zu Meinem Volk Propheten mit Blitz und Donner gesandt, heute sende Ich dich zu der ganzen Menschheit mit Meiner Barmherzigkeit. Ich will die wunde Menschheit nicht strafen, sondern sie gesund machen, sie an Mein barmherziges Herz drücken.

Das ist das Zeichen der Endzeit. Danach kommt der Tag der Gerechtigkeit. Solange noch Zeit ist, sollen sie zur Quelle Meiner Barmherzigkeit Zuflucht nehmen; sie sollen das Blut und das Wasser, das für sie entsprang, nutzen. Ehe Ich als gerechter Richter komme, öffne Ich weit die Tür Meiner Barmherzigkeit. Wer durch die Tür der Barmherzigkeit nicht eingehen will, muss durch die Tür Meiner Gerechtigkeit ..."[15].

Die Ausrufung der Barmherzigkeit Gottes ist paradoxerweise das Zeichen der Endzeit. Wer nicht die Barmherzigkeit Gottes in Anspruch nehmen will, der wird sich seiner Gerechtigkeit stellen müssen.

Nachdem Schwester Faustyna am 30.4.2000 heilig gesprochen und der Sonntag nach Ostern zum „Tag der göttlichen Barmherzigkeit" für die gesamte Kirche ernannt wurde, können wir uns nun schon acht Jahre lang mit der offiziellen Kirche zur göttlichen Barmherzigkeit flüchten.

---

[14] Angerer Anton, Das steht der Welt noch bevor, Mediatrix, 2004, S 277
[15] Schwester Faustyna Kovalska, Tagebuch, Parvis, 1987

In allen Erscheinungsorten wird von der „Zeit der Gnade" gesprochen. Diese „Zeit der Gnade" deckt sich mit der „Zeit der göttlichen Barmherzigkeit".

Als Bruder Jona mahne ich alle Leser, diese Barmherzigkeit in Anspruch zu nehmen, bevor sich die Tore der Barmherzigkeit schließen, wie auch die italienische Seherin der „göttlichen Weisheit"[16] seit Jahren schreibt. Die Zeit ist nun sehr nahe.

Selige Anna Maria Taigi

Anna Maria Taigi sagte: „Gott wird zwei Strafgerichte verhängen: eines geht von der Erde aus, nämlich Kriege, Revolutionen, Umwälzungen und andere Übel, das andere Strafgericht geht vom Weltall aus: Es wird über die ganze Erde eine dichte Finsternis kommen, die drei Tage und drei Nächte dauern wird"[17].

Jesus nannte Anna Maria Taigi keine Jahreszahlen, aber er sprach deutlich von zwei Strafgerichten, eines, das von den Menschen ausgeht und eines, das vom „Weltall" kommt.

Interessant ist in diesem Zusammenhang eine Botschaft von Bayside (kirchlich nicht anerkannt), in der von einer „Kugel der Erlösung" die Rede ist, von einem Kometen, der die Erde in naher Zukunft treffen würde.

Tröstlich ist an der Botschaft von Anna Maria Taigi, dass in den kommenden Jahren nicht mit dem Antichristen zu rechnen sein wird; dieser kommt erst am Ende der bevorstehenden Friedenszeit.

Taigi spricht von einem Triumph der Kirche, der aber erst kommen kann, wenn fünf Häresien überwunden sein werden: „Bevor dieser Triumph der Kirche kommen kann, müssen fünf Bäume an ihren Wurzeln abgeschnitten werden"[18]. Es sind dies fünf Leugnungen: der Gottheit Christi, der Auferstehung, der Erbsünde, des Teufels und der immerwährenden Jungfrauschaft Mariens.

---

[16] http://www.sapienzaweisheit.com/weisheit/index.htm
[17] Angerer Anton, Das steht der Welt noch bevor, Mediatrix, 2004, S 194
[18] Angerer Anton, Das steht der Welt noch bevor, Mediatrix, 2004, S 194

Helena Aiello

Die „ehrwürdige Dienerin"[19] Sr. Helena Aiello aus Süditalien war 40 Jahre lang stigmatisiert. Sie schreibt unter anderem:

„Höre genau zu und offenbare es der ganzen Welt: Mein Herz ist traurig wegen so vieler Leiden in einer Welt, die sich am Abgrund ihres Ruins befindet. Die Gerechtigkeit unseres himmlischen Vaters ist schwer beleidigt. Die Menschen leben verstockt in ihren Sünden. Der Zorn Gottes ist sehr nahe.

Bald wird die Welt heimgesucht mit großen Drangsalen, blutigen Revolutionen, schrecklichen Orkanen und der Überschwemmung durch Ströme und Meere. (Anm.: Im März 2009 haben Wissenschaftler gewarnt, dass bei dem derzeitigen Trend der Erderwärmung bis zum Jahr 2100 der Meeresspiegel um 1 m steigen wird.) Rufe es hinaus, bis die Priester Gottes ihre Ohren meiner Stimme leihen, die Menschen zu warnen, dass die große Strafe sehr nahe ist, und wenn die Menschen nicht mit Gebet und Buße zu Gott zurückkehren, wird die Welt in einen neuen und schrecklicheren Krieg gestoßen werden. Tödlichste Waffen werden Völker und Nationen vernichten.

Die Anführer der Welt folgen den Spuren der Hölle, werden die Kirchen zertrümmern, die heilige Eucharistie entweihen und die geweihten Dinge vernichten. In diesem gottlosen Krieg wird viel von dem zerstört, was die Menschen aufgebaut haben. Dann vollzieht sich Gottes Strafgericht. Feurige Wolken mit herniederfahrenden Blitzen am Himmel und ein Sturm von Feuer werden über die Welt dahingehen, eine solch furchtbare Geißel, wie sie in der Menschheitsgeschichte vorher nie gesehen wurde; es wird 70 Stunden dauern. Gottlose werden zerschmettert und beseitigt. Viele werden verlorengehen, weil sie in ihren Sünden verharren. Dann wird man die Macht des Lichtes über die Finsternis erfahren. Bleibe nicht stumm, meine Tochter, denn die Stunden der Finsternis, der Verlassenheit sind nahe"[20].

---

[19] Sr. Helena Aiello wurde 1996 von Papst Johannes Paul II. zur ehrwürdigen Dienerin ernannt.
[20] Zeitschrift „Der große Ruf", 1957

Die Jahre ‚50' bis ‚52'

Viele Bücher werden angeboten, die sich mit Zukunftsforschung befassen. Die meisten Bücher haben ernst zu nehmende Quellen als Grundlage. Gott hat offenbar viele Menschen benutzt, um uns vor den kommenden Ereignissen zu warnen: Laien, Priester, Ordensleute, Christen und Heiden.
Für meine Überlegungen greife ich hauptsächlich auf die „Botschaften der Frau aller Völker" und das Buch von Anton Angerer, „Das steht der Welt noch bevor", zurück. In letzterem findet man auch eine umfangreiche Bibliographie.

Ich verwende für die folgende Chronologie der Ereignisse die „Amsterdamer Jahre" und die Erkenntnisse aus den vielen geistlichen und weltlichen Prophetien. Ich beschreibe ein wahrscheinliches „Zeitfenster" der einzelnen Ereignisse. Jeder muss sich selbst ein Bild davon machen, in welcher Phase man jeweils ist.

Für die Jahre ‚50' bis ‚52' werden in den „Amsterdamer Botschaften" vorausgesagt:
- *Der Verfall des Glaubens*
- *Geistiger Kampf*
- *Die Gefahr für Rom*
- *Wirtschaftliche und materielle Ereignisse*
- *Politische Ereignisse*

Der Verfall des Glaubens

Der Verfall des Glaubens ist schon jetzt ungemein groß. Aber es drohen noch weitere mächtige Anschläge.

Die Warnungen der Frau vor dieser Zeit nehmen kein Ende. Gerade im Hinblick auf das Jahr ‚53' sagt sie: „Völker, kehrt zurück und sucht euren einfachen Glauben zu finden. Erkennt euren Schöpfer und seid dankbar. Das ist es, was die Menschheit nicht mehr kennt. Der falsche Geist beherrscht die Welt. Modernes

Heidentum, Humanismus, Atheismus, moderner Sozialismus und Kommunismus beherrschen die Welt. Hütet euch vor den falschen Propheten! Die Frau aller Völker kann das nicht genug wiederholen und davor warnen. Menschen, hört doch! Es ist derselbe Herr, der mich sendet, um euch zu warnen, derselbe Herr, der einst auch für diese modernen Menschen geopfert wurde. Ihr wisst nicht, welch große Mächte diese Welt bedrohen.

Und jetzt spreche ich nicht nur vom modernen Humanismus, Atheismus, modernen Sozialismus und Kommunismus; noch ganz andere Mächte bedrohen diese Welt.

Wegen dieser immer stärker werdenden geistigen Unterhöhlung sollen sich die Christen „auf der ganzen Welt zusammenscharen"[21]. In derselben Botschaft betont die Frau dies nochmals eindringlich: „Es ist höchste Zeit, schließt euch zusammen"! Die Situation unserer Zeit kann man kaum besser darstellen als mit folgendem Satz: „Es kommt noch eine Zeit von Unruhe, Humanismus, Heidentum, Gottesleugnern, Schlangen, sie werden erst noch versuchen, diese Welt zu beherrschen"[22].

Es geht um den gemeinsam gelebten Glauben in dieser Zeit. Aber nicht nur geistige, auch materielle Gründe sprechen für ein Näherrücken von Gleichgesinnten. Wir brauchen wahre Freunde, um unseren Glauben zu stärken, und wir brauchen Freunde, um mit ihnen gemeinsam die Zukunft zu planen, Vorsorge zu treffen und vor allem, um gemeinsam zu beten.

Es sind daher alle Gebetsgruppen, die in Einheit mit dem Papst stehen, die marianisch und eucharistisch ausgerichtet sind, zu fördern, egal welche spirituelle Ausrichtung sie sonst haben.

Es ist egal, ob sie einen franziskanischen, marianischen, jesuitischen, charismatischen oder anderen Schwerpunkt haben. Und wir müssen uns über alle freuen, alle begrüßen, niemanden be-

---

[21] Die Botschaften der Frau aller Völker, Miriam, 1998, 36. Botschaft vom 20.9.1951
[22] Die Botschaften der Frau aller Völker, Miriam, 1998, 42. Botschaft vom 15.6.1952

kämpfen. Einzige Kriterien sind die Papsttreue und die Liebe zu Jesus und Maria.

Geistiger Kampf

Ein geistiger Kampf wird in dieser Zeit die Kirche noch mehr erschüttern. Die Zeiten eines Herbert Haag, Hans Küng und Eugen Drewermann sind vorbei, aber ihre Ideen haben sich wie die Köpfe einer Hydra vermehrt und es gibt heute viele versteckt oder offen agierende „Kämpfer" dieser Geistesrichtung. Der Kampf der Freimaurerei gegen das Christentum bleibt nicht bei einigen Köpfen stehen, er ist breit gestreut.

So sagt die Frau in Amsterdam: „Ich höre die Stimme sagen: ‚Kampf wird kommen! Er wird heftig sein, er wird entbrennen' ... ‚Dieser Geist wird stets versuchen, in allerlei Form vorzudringen, langsam und raffiniert. Er wird so raffiniert durchdringen, dass die Völker ihn nicht erkennen werden ... Die Frau zeigt darauf (Petersdom) und sagt wieder: ‚Das ist der Mittelpunkt ... Lasst das den Mittelpunkt bleiben! Die Geister der Welt sind dabei, diesen Mittelpunkt zu vernichten'"[23].

Diese „Geister der Welt" sind all jene Menschen, die nicht den „Geist der Wahrheit" haben, man findet sie in und außerhalb der Kirche. Eine Ende Jänner 2009 in Österreich von ehemaligen ÖVP-Politikern unterstütze Aktion fordert unter dem Mantel des Priestermangels wieder die Abschaffung des Zölibates, die Weihe von Frauen zu Diakonen ...

Parallel dazu wird es aber in manchen Diözesen Priestern, die „zu fromm" sind, schwer gemacht, Pfarrer zu werden. Die Frau bezeichnet in derselben Botschaft den dahinter stehenden Geist als den „Geist des Dreiecks".

Die Katholiken ermahnt die Frau, hart zu arbeiten, denn es droht eine große Gefahr. „Es gibt einen Geist, der dich (Christenheit) unterwandern möchte[24]".

---

[23] Die Botschaften der Frau aller Völker, Miriam, 1998, 20. Botschaft vom, 16.12.1949
[24] Die Botschaften der Frau aller Völker, Miriam, 1998, 23. Botschaft vom 15.8.1950

Die Frau sagt, dass es um den Geist geht: „Die Menschen werden suchen, hier und da. Denk an die falschen Propheten. Suche und bete um den wahren Heiligen Geist. Es ist doch augenblicklich ein Ideenkrieg, Geisteskrieg. Der Streit geht nicht mehr um Rassen und Völker, er geht um den Geist. Begreife das gut"[25]!

Die diskriminierende „Gender-Ideologie" ist aber Richtlinie der europäischen Gemeinschaft. Dadurch ist es nicht mehr erlaubt, gelebte Homosexualität als Sünde zu bezeichnen. Jene Menschen, die dies sagen, seien „homophob" und sollen bestraft oder umerzogen werden. Bibel und Religionsbücher müssen umgeschrieben werden. Die „Gender-Ideologie" soll auf allen Ebenen und mit allen Mittel durchgesetzt werden, sogar um den Preis der persönlichen Freiheit.
Beispiel dafür ist der österreichische Politiker Karlheinz Klement, der im Parlament vom „Gender-Wahn" gesprochen hatte und kurz darauf von seiner Partei ausgeschlossen wurde[26].

Der „Geist der Welt" fordert auch die Abtreibung als Menschenrecht. So eine Forderung hat es in der Weltgeschichte noch nie gegeben: ein verbrieftes Recht zur Ausrottung der eigenen Art!
In den Vereinigten Staaten besteht ein Plan, dass in allen Krankenhäusern Abtreibungen bis zur Geburt vorgenommen werden müssen (vom gesamten medizinischen Personal).

Die Gefahr für Rom

Die Raffiniertheit dieses geistigen Kampfes unterstreicht die Frau mit folgender Aussage: „Rom denkt noch immer, dass es stark dastehe, aber es weiß nicht, wie es unterhöhlt wird. Weißt du wohl, wie schnell gehandelt werden muss"[27]?

Diese Aussage erinnert an die Wiener Reichsbrücke, die akut einsturzgefährdet war, doch niemand ahnte es. Am 1.8.1976 ge-

---

[25] Die Botschaften der Frau aller Völker, Miriam, 1998, 27. Botschaft vom 11.2.1951
[26] ORF-Meldung vom 31.7.2008
[27] Die Botschaften der Frau aller Völker, Miriam, 1998, 29. Botschaft vom 28.3.1951

schah aber das völlig Unerwartete: Die Brücke brach ohne Vorwarnung in sich zusammen. Eine Fülle kleiner Mängel hatte zu dieser Katastrophe geführt.

Dass der geistige Abfall ständig zunehmen und die Unterhöhlung Roms fortgesetzt werden wird, bekräftigt die Frau in der 35. Botschaft vom 15.8.1951: „Jahre werden verfliegen, Jahre werden darüber hingehen, aber je mehr Jahre, je weniger Glaube. Je mehr Jahre, desto mehr Abfall."

Wer kann sich nicht erinnern, wie die Muslime wütend auf die „Regensburger Rede"[28] des Papstes reagierten und die Homo-Lobbies unmittelbar nach einer Klarstellung der Natur des Menschen – als Mann und Frau[29] – auf den Plan traten?

Aber die Gefahr für Rom kommt nicht nur von außen. Die innere Rebellion nimmt von Tag zu Tag zu. Immer wieder formieren sich Gruppen, die alte Forderungen stellen: Abschaffung des Zölibats, Priesterweihe für Frauen ... Diese agierenden Gruppen sind nicht ungefährlich, denn sie sind vernetzt und arbeiten oft mit den Logen zusammen. Eine geplante Aktion kann über Nacht ein ganzes Land oder den ganzen Kontinent erfassen (z.B. die Verleumdung gegen den designierten Weihbischof von Linz).

All diese Aktionen werden aber Rom nicht treffen. Erst die Revolution und der Sturm auf den Vatikan werden den Papst zur Flucht zwingen. Dies wird aber nicht vor ‚53' geschehen.

In den erwähnten Jahren ‚50' bis ‚52' kommt es zu viel Kampf, aber er wird keine Auswirkungen auf den Papst haben. Freilich, in den Diözesen wird der Ungehorsam zunehmen. Ich hoffe aber im Hinblick auf die Zeichen der Zeit gleichzeitig auf eine Zunahme der positiven Kräfte.

---

[28] Papst Benedikt XVI., Ansprache in der Aula Magna der Universität Regensburg vom 12.9.2006
[29] P. Benedikt XVI., Ansprache ... Weihnachtsempfang der Kardinäle, 22. Dezember 2008

Wirtschaftliche und materielle Ereignisse

Um zu erkennen, dass die Wirtschaft wankt, dazu braucht man derzeit keinen Propheten. Die im Oktober 2008 voll entbrannte Weltwirtschaftskrise zeigt, dass sich diesbezügliche Prophetien erfüllt haben. Die Krisen werden sich bis zum Jahr ‚52' sogar noch verschärfen. In den „Amsterdamer Botschaften" wird sogar von Wirtschaftskrieg und Währungsboykott gesprochen – und das vor 50 Jahren!

Was passiert wirklich in unseren Tagen? Im Jahr 2008 – vorwiegend im Herbst – wurden mehr als 23 Billionen Euro (das sind 23.000 Milliarden Euro) in Luft aufgelöst. Man hat sich schon so an diese unvorstellbaren Summen gewöhnt, dass man nicht weiter nachdenkt. 23 Billionen bedeuten 23×10^{10}, also die Zahl 23 gefolgt von 10 Nullen! Was ist das für ein Betrag?
Nehmen wir an, ein Einfamilienhaus kostet 230.000 Euro, dann bekommt man für den Betrag von 23 Billionen Euro 100 Millionen Einfamilienhäuser! In der gesamten Europäischen Union leben zirka 470 Millionen Menschen. Wohnen in einem Haus fünf Personen, dann bedeutet das, der Geldwert aller Häuser Europas ist in einem Jahr verschwunden! Und die „Verdampfung" des Geldes geht weiter!

Konzerne wackeln, Banken machen bankrott und die Autoindustrie muss sich Geld von den Regierungen holen. Das ganze Wirtschaftssystem wankt und man versucht, notdürftig zu flicken, ohne genau zu wissen, was wirklich erforderlich ist. Niemand aber denkt im Traum an UMKEHR oder GEBET!

Für die Umstände, die zur Wirtschaftskrise geführt haben, gibt es Sprichwörter wie: „Der Krug geht solange zum Brunnen, bis er bricht", „Hochmut kommt vor dem Fall" oder „wenn es dem Esel zu wohl ist, geht er aufs Eis tanzen".
Man hat einfach drauf los gelebt und spekuliert nach dem Motto: „Nach uns die Sintflut". Nun aber steht „vor uns das Chaos". Und

ohne Gebet wird es zu keiner echten Lösung des Problems kommen – höchstens zu einer Verzögerung des Kollapses. Heute schließt ein Firma, morgen gibt es kein Gas, übermorgen kein Erdöl, am vierten Tag eine Missernte.

Politische Ereignisse

Die größten politischen Ereignisse – die Bedrohung der Welt – sind für das Jahr ‚53' vorausgesagt. Viele Botschaften werden jedoch ohne Jahreszahl genannt und beziehen sich möglicherweise auf die Zeit vor ‚53'. Ich möchte dazu einige Schwerpunkte herausheben.

Russland tut alles zum Schein

Der Fall des Eisernen Vorhangs wurde oft gleichgesetzt mit dem Fall des Kommunismus, dies dürfte jedoch nicht zutreffen.

„In der Welt herrscht Uneinigkeit: Die Frau sagt: ‚Dann kommt ein großer Zwiespalt in die Welt.' Ich sehe zwei Mächte einander gegenüberstehen. Auf einmal erblicke ich ein wogendes Kornfeld. Es bewegt sich sehr langsam hin und her. Nun höre ich die Frau zweimal sagen: ‚Verfall!'. Dann sagt sie: ‚Russland wird alles zum Schein tun. Da geschieht eine völlige Umwandlung'[30]".

Auch **Lucia**, die Seherin von Fatima hat gewarnt und nach dem Fall der Mauer gesagt: „Lasst Euch nicht täuschen durch die Ereignisse, die in Europa Platz greifen: Dies ist eine Täuschung! Russland wird nicht bekehrt werden, bis Russland die Geißel für alle Nationen wird. Russland hat die Geißel zu sein, um alle Nationen zu schlagen. Russland ist das Werkzeug, das der Ewige Vater gebrauchen wird, um die Welt zu bestrafen: Denn Russland wird den Westen überfallen, und mit Russland wird China in Asien einfallen. Meine Worte werden verdreht. Die Oberen in der Kirche und die Priester tun dies, um unsere Kinder zu verwirren und sie glauben zu machen, der Weltfriede sei gekommen und die

---

[30] Die Botschaften der Frau aller Völker, Miriam, 1998, 16. Botschaft vom 7.5.1949

Bekehrung Russlands sei da. Dies ist nicht der Fall. Die Welt befindet sich in großer Gefahr. Wenn die Welt nicht umkehrt, wird sie in einen schmerzlichen Krieg hineingestürzt werden. Die Wende in Osteuropa führt nicht zum Frieden!"[31].

Auf Russland muss man also schon ein Auge werfen, das haben der Krieg in Tschetschenien und der Gasboykott im Winter 2009 deutlich gezeigt.

Eine neue Strömung

Wie schon Lucia gesagt hat, ist der Kommunismus nicht tot. Wie aber könnte er eine Auferstehung erleben? Zunächst einmal geht das sehr leicht, wenn es zu Unruhen infolge von wirtschaftlichen Problemen kommt. Dann wird die alte kommunistische Idee wieder hervorgeholt: Schuld an der Misere sind die Reichen. Sie müssen enteignet werden, um alles aufteilen zu können.

In den „Amsterdamer Botschaften" klingt noch eine andere Tendenz mit. Es könnte zu einer Renaissance des Kommunismus zusammen mit dem Nationalsozialismus kommen, etwa ein „Nationalkommunismus". In der 6. Botschaft heißt es: „Das Kreuz wollen sie abändern in andere Kreuze. Ich sehe jetzt verschiedene Dinge, die sich vor meinen Augen drehen: Kommunismus und eine neue Strömung, die noch kommen wird, eine Kombination von Hakenkreuz und Kommunismus"[32].

In Russland hat man Ansätze einer derartigen Strömung mit dem Nationalkommunisten Wladimir Schirinowsky schon gesehen. Er ist für Bombendrohung und harte Sprüche bekannt und immer noch in der Politik aktiv.

Jerusalem

In und um Jerusalem wird es zu schweren Kämpfen kommen. „Die orientalischen Völker halten in Jerusalem ihre Hände vors Gesicht. Sie werden wehklagen über ihre Stadt"[33].

---

[31] Angerer, Anton, Das steht der Welt noch bevor, Mediatrix, 2004, S 7
[32] Die Botschaften der Frau aller Völker, Miriam, 1998, 6. Botschaft vom 3.1.1946
[33] Die Botschaften der Frau aller Völker, Miriam, 1998, 15. Botschaft vom 28.3.1948

„'Es werden Katastrophen kommen vom Norden bis zum Süden, vom Süden bis zum Westen und vom Westen bis zum Osten.' Ich sehe jetzt eine runde Kuppel. Ich verstehe innerlich: Das ist eine Kuppel von Jerusalem. Ich höre nun: ‚Um und in der Nähe von Jerusalem werden schwere Gefechte ausgetragen werden.' Auf einmal sehe ich deutlich Kairo, und ein eigenartiges Gefühl steigt in mir auf. Dann sehe ich allerlei orientalische Völker: Perser, Araber, usw. Die Frau sagt: ‚Die Welt wird gleichsam in zwei Teile zerrissen werden.' Jetzt sehe ich die Welt vor mir liegen und ich sehe, wie sich ein großer Riss bildet, der sich im Zickzack quer über die Welt zieht. Darüber sehe ich schwere Wolken hängen und ich fühle viel Leid und Elend. Ich höre die Frau sagen: ‚Es wird viel Leid und Elend kommen.' Dann sehe ich orientalische Orte mit weißen Dächern ... Ich muss jetzt auf den Boden sehen und sehe dort Gebeine und Helme, die unter diesen Kreuzen liegen"[34].

In Jerusalem und in den arabischen Staaten wird es zu Kriegen kommen, und es werden offenbar auch viele christliche Soldaten umkommen (weiße Kreuze).

Allgemeines Chaos

Nach oder zusammen mit den Kriegen in und um Jerusalem, den Wirtschaftskriegen und dem Währungsboykott kommt es zum allgemeinen Chaos. In der 14. Botschaft lesen wir:

„Jetzt sehe ich verschiedene Bilder sehr schnell durcheinander wirbeln. Das erste, was ich erkennen kann, sind Fackeln, die nach drei Seiten hin Licht verbreiten: nach Westen, Norden und Osten. Dann sehe ich, wie sich blaue und weiße Streifen durcheinander bewegen, und dann Sterne. Sie sehen aus wie Fahnen. Dann erblicke ich Hammer und Sichel, aber der Hammer trennt sich von der Sichel, und all das wirbelt jetzt durcheinander. Dann sehe ich einen Halbmond und eine Sonne, auch diese Fahnen kreisen mit den anderen. Schließlich erscheint eine Art Gämse mit großen Hörnern, die nach hinten gerichtet sind. Mir scheint, dass es ein

---

[34] Die Botschaften der Frau aller Völker, Miriam, 1998, 14. Botschaft vom 26.12.1947

afrikanischer Springbock ist. Der Bock macht gewaltig große Sprünge, über alles hinweg. Während sich das alles durcheinander dreht, erscheint auf der linken Seite ein Kreis, und in diesem dreht sich der Globus. Dann sehe ich plötzlich eine große Sonnenuhr. Ich höre, wie die Frau sagt: ,Die Sonnenuhr ist gewendet'[35]".

Unter „Fackeln" müssen wir kriegerische Auseinandersetzungen nach Westen, Norden und Osten verstehen. Amerika, Russland, Israel, die Länder des Islam und Japan sind darin verwoben. Es wirbelt richtig durcheinander und man verliert die Übersicht. Mitten durch dieses Chaos springt eine Art Bock, der wohl Ursache dieses Unheils ist. Der Bock mit seinen Hörnern steht natürlich für den Teufel, den Lügner von Anbeginn.

In diesen Wirren werden auch chemische oder baktereologische Waffen eingesetzt. In derselben Botschaft sagt die Frau: „Dann sehe ich ein sehr eigenartiges Bild. Ich muss zum Himmel blicken. Es scheint, als würde etwas in die Luft abgefeuert. Es fliegt etwas so schnell an mir vorbei, dass ich es beinahe nicht erkennen kann. Es ist eine Art Zigarre oder Torpedo, dessen Farbe wie die von Aluminium ist. Plötzlich sehe ich, wie vom hinteren Teil etwas abspringt. Ich taste mit meiner Hand und dann erfahre ich in mir verschiedene schreckliche Eindrücke. Zuerst erlebe ich eine völlige Gefühllosigkeit. Ich lebe und doch lebe ich nicht. Dann sehe ich abscheuliche Bilder von Menschen vor mir. Ich sehe Gesichter, breite Gesichter, voll von grässlichen Geschwüren. Es ist wie eine Art Aussatz. Dann empfinde ich schreckliche, tödliche Krankheiten: Cholera, Aussatz, alles, was diese Menschen durchmachen müssen.

Dann ist das wieder weg und ich sehe um mich herum ganz kleine, schwarze Dinge schweben. Ich versuche zu berühren, aber es geht nicht. Es scheint mir ein sehr feiner Stoff zu sein. Ich kann mit den Augen nicht unterscheiden, was es ist. Es ist, als müsse ich durch etwas durchblicken. Unten sehe ich jetzt sehr schöne,

---

[35] Die Botschaften der Frau aller Völker, Miriam, 1998, 14. Botschaft vom 26.12.1947

weiße Sichtfelder. Auf diesen Feldern sehe ich die kleinen schwarzen Dinge, dann aber vergrößert und es scheint, als würden sie leben. Ich frage die Frau: ‚Sind es Bazillen?' Sie erwidert sehr ernst: ‚Es ist höllisch.' Dann fühle ich mein Gesicht und meinen ganzen Leib anschwellen. Ich bekomme meinem Gefühl nach ein ganz dickes Gesicht, und alles ist geschwollen und ganz steif. Ich kann mich nicht bewegen"[36].

Unermüdlicher Hinweis auf die Gefahren

„Und nun zeigt mir die Frau die Welt, und es ist, als würden auf der ganzen Erdkugel Schlangen umherkriechen. Dann sagt sie: ‚Die Menschen begreifen noch immer nicht, wie schlimm es um die Welt bestellt ist. Weil die Menschen so verflachen, können sie nicht ermessen, wie viel Schaden das dem Glauben bringt.'

Danach blickt die Frau lange Zeit vor sich hin, als blicke sie weit in die Ferne. Dann sagt sie: ‚Kind, es ist dieselbe Zeit wie damals, bevor der Sohn kam. Darum kann ich nicht genug darauf drängen, dass die Menschen, dass Rom, dass alle mithelfen zu kämpfen für die Sache des Sohnes. Ich weiß wohl, es gibt hier und dort einen Aufschwung, aber bei weitem nicht so, wie er sein müsste, um die Welt retten zu können. Und die Welt muss gerettet werden von Verfall, Unheil und Krieg'"[37].

Gebet in der Familie

Gerade in diesen so kritischen Jahren ruft uns die Frau auf zur Umkehr und zum Gebet: „Deutschland muss damit beginnen, die Einheit wiederzuerlangen, jeder für sich im eigenen Haus. Die Kinder müssen wieder eins sein mit Vater und Mutter. Sie sollen wieder zusammen knien und den Rosenkranz beten … Von Grund auf muss es kommen und dann in die Welt hinein. Dann soll besonders die Nächstenliebe wieder geübt werden. Es muss unter den Katholiken zu einer großen Aktion kommen."[38].

---

[36] Die Botschaften der Frau aller Völker, Miriam, 1998, 14. Botschaft vom 26.12.1947
[37] Die Botschaften der Frau aller Völker, Miriam, 1998, 31. Botschaft vom 15.4.1951
[38] Die Botschaften der Frau aller Völker, Miriam, 1998, 24. Botschaft vom 16.11.1950

Das Jahr ‚53'

Über das Jahr ‚53' möchte ich am liebsten nichts schreiben. Zu viele negative Ereignisse spielen sich in diesem Jahr ab.
Es gibt allerdings einen Trost: Nach diesem Jahr erwartet uns ein neuer „Frühling der Kirche".

Und nun wage ich es, auf den Ablauf der Geschehnisse im Jahr ‚53' näher einzugehen. Grundlage bilden verschiedene geistliche und weltliche Quellen. Die Abfolge und Chronologie ist dabei stark an die „Amsterdamer Botschaften", Alois Irlmaier, Don Bosco und Anna Maria Taigi angelehnt.
Die Zuverlässigkeit der „Amsterdamer Botschaften", von Don Bosco und Anna Maria Taigi steht außer Diskussion. Irlmaiers prophetische Gabe wurde zu seinen Lebzeiten sogar vom Gericht überprüft. Als er bei einer Gerichtsverhandlung dem Richter Details über dessen Frau mitteilte, die Irlmaier nicht wissen konnte, schickte der Richter einen Gerichtsdiener in das Haus seiner Frau. Kurz danach kam er mit der Botschaft zurück, dass die Aussage stimme. Daraufhin sprach der Richter Irlmaier von der Anklage der „Gaukelei" frei.

So nebenbei: Eine Vorhersage Irlmaiers erfüllte sich erst am 20.1.2009 in Amerika, als Obama angelobt wurde. Irlmaier sagte über die USA: „Die Schwarzen werden die Macht bekommen, die solange im Staub waren"[39]. In derselben Quelle steht auch: „Ich sehe die Wolkenhäuser in sich zusammenstürzen. Amerika wird im Osten dauernd Kriege führen und nie mehr siegen. Gott hat sich abgewandt."

In der nachstehenden Tabelle habe ich den ungefähren Ablauf der Ereignisse auf Grund der mir zugänglichen Prophetien zusammengestellt. Ich werde die aufgelisteten Ereignisse einzeln besprechen.

---

[39] Abschrift vom Kurier vom 12.10.1945

Voraussichtlicher Ablauf der Ereignisse in ‚53'

NF	Neuer Frühling in der Kirche
3F	„Dreitägige Finsternis"
3.WK	Dritter Weltkrieg
T3	Tod des 3. Hochgestellten
FP	Flucht des Papstes
BK	Balkankrieg
NO	Neuer Nahostkrieg
Gerede	Gerede vom Frieden
N.Y.	New York
KE	Kälteeinbruch
frühes FJ	frühes Frühjahr

10	11	12	1	2	3	4	5	6	7	8	9	10	11	12
														NF
													3F	
										3.WK				
									T3					
									FP					
									BK					
									NO					
								Revolten						
								I, F,GB,D						
								Gerede						
							N.Y.							
							KE							
						Wunder								
					frühes FJ									
			milder Winter											
		Warnung												
			Jahr der „Frau aller Völker"											
	Naturkatastrophen													
	Wirtschaftskrisen													
10	11	12	1	2	3	4	5	6	7	8	9	10	11	12
‚52'			‚53'											

Wirtschaftskrisen

Die schon im Jahr 2008 eingesetzte Wirtschaftskrise wird sich in ‚53' fortsetzen. Über die wahnsinnige Wachstumsphilosophie habe ich schon geschrieben. Dazu kommt die zunehmende Verknappung der Rohstoffe. Irlmaier hat gesagt: „Es herrscht eine hohe Inflation. Das Geld verliert mehr und mehr an Wert"[40]. In Amsterdam spricht die Frau von „Wirtschaftskrieg, Boykott, Währungskrisen, Katastrophen"[41].
Man hört Meldungen darüber ständig in den Medien. Island ist schon bankrott und das Volk rebelliert. Andere Nationen stehen vor dem Kollaps. Nach einer ORF-Meldung vom 25.1.2009 steht auch Großbritannien vor dem Ruin.

In manchen Prophezeiungen wird die Wirtschaftskrise auch mit Naturereignissen in Zusammenhang gebracht. Viele glauben, dass durch sehr große Erdbeben oder Vulkanausbrüche die Krise erst so richtig beginnt. Wie wir aber erleben, hat alleine die menschliche Misswirtschaft schon genügt, um das größte Desaster seit 1945 auszulösen. Sollte es zusätzlich noch zu großen Erdbeben, z.B. in Los Angeles oder Tokio, kommen, dann würde die Krise natürlich verstärkt, dadurch aber nicht ausgelöst.

Naturkatastrophen

Die Naturkatastrophen, die sich in den Jahren ‚50' bis ‚52' ereignet haben, werden sich auch in ‚53' fortsetzen und verstärken. Die Frau sagt in Amsterdam: „‚Katastrophen über Katastrophen. Naturkatastrophen.' Dann sehe ich das Wort ‚Hunger' und ‚politisches Chaos' geschrieben stehen. Die Frau sagt: ‚Das ist nicht nur für dein Land, sondern auf der ganzen Welt'"[42].

Ähnliche Formulierungen finden sich einige Male in den „Amsterdamer Botschaften". In der 46. Botschaft vom 10.5.1954 nennt

---

[40] Angerer Anton, Das steht der Welt noch bevor, Mediatrix, 2004, S 120
[41] Die Botschaften der Frau aller Völker, Miriam, 1998, 14. Botschaft vom 26.12.1947
[42] Die Botschaften der Frau aller Völker, Miriam, 1998, 8. Botschaft vom 25.2.1946

die Frau direkt das Jahr ‚53' und sagt: „‚53' ist das Jahr, in dem sich große Weltgeschehnisse und Weltkatastrophen abspielen werden und drohen".

Um Naturkatastrophen vorauszusagen, braucht es heute keine besondern Propheten, da genügen die Meteorologen und Klimaforscher, die eine rapide Zunahme von Wetterkapriolen infolge der Erderwärmung erwarten.
Die Erde bebte in China im Jahr 2008 und zerstörte ein Gebiet so groß wie ganz Frankreich. Im Jänner 2009 legten Stürme in Spanien und Frankreich Eisenbahnen und Autobahnen lahm und verursachten mehr als 20 m hohe Wellen.

Jahr der Frau aller Völker

Es ist sehr überraschend, dass die Frau das ominöse Jahr ‚53' – ausgerechnet jenes Jahr, in dem so viele Katastrophen drohen – als das Jahr „der Frau aller Völker" bezeichnet.
Mitten im politischen und wirtschaftlichen Kampf und trotz Naturkatastrophen soll in diesem Jahr der Papst das letzte marianische Dogma vorbereiten (das in ‚54' verkündet wird).
Das „Gebet der Frau aller Völker" soll mit der Kirche gebetet werden; offenbar unmittelbar vor Eintreffen der großen Weltereignisse. Die Frau verspricht, dass sie auf dieses Gebet hin die Welt retten werde – und sie wiederholt dieses Versprechen.

In diesem Jahr ‚53' soll auch die Frau aller Völker in die Welt gebracht werden. Ein Satz lässt in dieser Botschaft aufhorchen: „Die Frau, die den Frieden bringen muss, kam und gab ihr Gebet in dem Land, in dem Satan regierte"[43]. Diese Botschaft wurde im einst nationalsozialistischen Deutschland gegeben.

Ebenso wird das Gebet gebetet werden müssen, wenn rundum noch Chaos und Krieg ist. Sie spricht auch davon, dass ihr Bild am Ende von ‚53' nach Amsterdam gebracht werden wird. Da

---

[43] Die Botschaften der Frau aller Völker, Miriam, 1998, 47. Botschaft vom 11.10.1953

das Bild der „Frau aller Völker" derzeit schon in Amsterdam ist, nehme ich an, dass im Zusammenhang mit den Revolutionen im Jahr ‚53' das Bild vorübergehend in Sicherheit gebracht wird, um am Ende von ‚53' – nach den Wirren – wieder nach Amsterdam zurückzukommen. So könnte das „Exil des Bildes" mit dem zeitlichen „Exil des Papstes" annähernd zusammenfallen.

Dass dieses unheilvolle Jahr ‚53' doch noch ein gutes Jahr wird und sogar ein Jahr der „Frau aller Völker", lässt sich nur vom Ende her erklären, vom Ausgang dieses Jahres. Am Ende des Jahres kommt das Bildnis nach Amsterdam zurück! Dies erinnert an die Botschaft von Fatima, bei der es heißt: „Am Ende aber wird mein Unbeflecktes Herz triumphieren"!

Wenn auch eine Operation schmerzhaft ist und Komplikationen nach sich ziehen kann, beurteilt man sie letztlich nach ihrem Erfolg. Wenn man am Ende wieder schmerzfrei und gesund ist, dann bleibt das Jahr der Operation in guter Erinnerung.

Gerade vor, während und nach einer Operation beten viele um ihren guten Ausgang. So sollen wir besonders im Jahr ‚53' nie nachlassen im Gebet. Je dunkler die Nacht, je hoffnungsloser der Zustand, umso inniger sollen wir mit großem Vertrauen und ungebrochener Zuversicht beten.

Es ist nicht Hauptanliegen dieses Büchleins, etwas über die Zukunft zu erfahren – es muss ja so nicht stimmen. Das Hauptanliegen ist es, dass Ihr die Hoffnung nicht aufgebt, auch wenn dunkle Wolken Euch einhüllen. Bitte, bitte – vergesst das nie!
Die Frau sagt eindringlich: „Völker, auch ihr geht durch euren Kreuzweg auf zum Vater. Auch ihr geht euren Kreuzweg auf zum Sohn. Der Heilige Geist wird euch dabei helfen. Bittet ihn in dieser Zeit! Ich kann das der Welt nicht oft genug sagen. Geht zum Heiligen Geist in dieser Zeit!"[44].

---

[44] Die Botschaften der Frau aller Völker, Miriam, 1998, 51. Botschaft vom 31.5.1955

Die Warnung

Im spanischen Ort Garabandal wurde den Seherkindern eine kommende große Warnung geoffenbart. Diese Warnung soll innerhalb eines Jahres vor einem großen Wunder stattfinden (siehe später). Da sich das Wunder ziemlich sicher in der ersten Hälfte von ‚53' ereignen wird, kann die Warnung auch schon Ende ‚52' erfolgen.

Was ist Garabandal? Was bedeutet die Warnung?
Garabandal ist ein Erscheinungsort in Spanien, in dem in den Jahren 1961 bis 1965 die Muttergottes vier Mädchen im Alter von 11 und 12 Jahren erschienen ist.
Eine Hauptbotschaft lautet: „Man muss viele Opfer bringen, viel Buße tun; oft das Allerheiligste Sakrament besuchen. Aber vor allem müssen wir sehr gut sein. Wenn wir das nicht tun, dann wird ein Strafgericht kommen." Der Erzengel Michael sagte: „Viele Kardinäle, Bischöfe und Priester gehen den Weg des Verderbens und ziehen viele Seelen mit sich. Man misst der Hl. Eucharistie immer weniger Bedeutung zu"[45].

Es wurde den Mädchen eine Warnung, ein Wunder und, wenn sich die Menschheit nicht bessert, eine Strafe angekündigt.
Die Warnung, die sich höchstens ein Jahr vor dem Wunder ereignen soll, wird nach der Hauptseherin Conchita folgendermaßen aussehen: Gott möchte, dass wir uns durch diese Warnung bessern und weniger sündigen. Wenn wir bei der Warnung sterben sollten, dann nur durch die starke Erregung, die wir empfinden.
Conchita sagt, sie hätte geglaubt, dass es keine ärgere Strafe als die Warnung geben könne, wenn sie nicht auch die dem Wunder folgende „Strafe" kennen würde.
Alle Menschen werden bei der Warnung Angst haben, aber die Katholiken werden diese mit mehr Ergebung tragen können als die anderen. Die Warnung wird nur von ganz kurzer Dauer sein.

---

[45] vgl. Weber, Anton, Der Zeigefinger Gottes, Weto, 2000

Sie kommt direkt von GOTT. Alle Menschen auf der Erde werden sie sehen können, egal wo immer sie sich befinden sollten. Jeder – ob gläubig oder ungläubig – wird seine eigenen Sünden erkennen. Die Warnung wird schrecklich sein, viel schrecklicher als ein Erdbeben. Sie wird wie Feuer sein. Sie wird nicht unseren Körper verbrennen, aber wir werden sie an Leib und Seele spüren. Alle Nationen und alle Menschen werden sie gleichermaßen spüren. Niemand kann ihr entgehen.

Es ist beachtlich, dass Erzbischof Carlos Osoro-Sierra, Apostolischer Administrator von Santander, am 7. Mai 2007 alle Verbote gegenüber Garabandal aufgehoben hat und den Ortspfarrer Don Rolando-Cabeza Fuentes ermunterte, über die Erscheinungen Marias zu predigen.

Vor den eigentlichen Ereignissen in ,53' wird also der Himmel sprechen. Ein Hauptmerkmal der Warnung wird sein, dass wir eine echte Selbsterkenntnis erleben werden. Daraufhin wird es zu einer Scheidung der Geister kommen, da sich nicht alle Menschen bekehren werden.

Am Beginn des dritten Geheimnisses von Fatima, das im Juni 2000 der Welt bekannt gemacht wurde, steht folgender Satz: „Und wir sahen in einem ungeheuren Licht, das Gott ist: etwas, das aussieht wie Personen in einem Spiegel, wenn sie davor vorübergehen"[46]. Wenn man diesen Satz mit der beschriebenen Warnung vergleicht, dann weiß man, es handelt sich um dieselbe Sache. Wer sich im Licht Gottes sieht, wie in einem Spiegel, der hat volle Selbsterkenntnis. Dadurch wird er zu einer Entscheidung herausgefordert: für oder gegen Gott.

Wenn Ihr die Warnung erlebt habt, dann wisst Ihr mit Sicherheit, dass die weiteren Ereignisse innerhalb eines Jahres folgen werden.

---

[46] Kongregation für die Glaubenslehre, Vatikan, 2000

Milder Winter, frühes Frühjahr

Grundsätzlich muss man sagen, dass sehr viele Vorzeichen genannt werden, die noch vor dem Krieg in ,53' eintreffen sollen. Diese Vorzeichen sind aber mit gewisser Skepsis zu bewerten. Die meisten Vorzeichen werden wohl stimmen, nicht aber alle.

Ein Beispiel liefert Don Bosco. In einer Prophetie heißt es, dass der Papst in einem Jahr wird fliehen müssen, in dem der Blütenmonat zwei Vollmonde habe. Die letzten zwei Vollmonde in einem Blütenmonat waren im Jahr 1999. Aber – wie in Ninive – es geschah nichts! Die nächsten zwei Vollmonde in einem Blütenmonat sind im März 2018 bzw. Mai 2026.

Aus vielerlei Gründen scheinen beide Termine falsch zu sein. Was ist dann mit der Prophetie? Es könnte sein, dass – was ja viele erwarteten – im Jahr 1999 tatsächlich der Weltkrieg hätte ausbrechen können. Es gelten ja alle Prophetien nur bedingt. Auf Grund der Gebete und Opfer vieler wurde die „Zeit der Gnade" verlängert.

Eine andere Erklärungen des Widerspruchs: Es könnten sich Übersetzungs- oder Interpretationsfehler eingeschlichen haben. Man kann dem leider nicht nachgehen, denn die Originale liegen unter Verschluss im Vatikan.
Vielleicht kann man anstelle: „Der Papst flüchtet nach 2 Vollmonden **in dem** Blütenmonat" auch schreiben: „Der Papst flüchtet 2 Vollmonde **nach dem** Blütenmonat." Bei der zweiten Lesart läge die Flucht des Papstes im Juli, was sehr plausibel wäre. Die Prophetie Don Boscos gäbe dann keinen Hinweis auf das Jahr der Flucht, sondern nur auf den Monat der Flucht.

Ich schreibe dies, damit man auch die Prophetien vom milden Winter und frühen Frühjahr richtig einordnet.
Fast alle weltlichen Prophetien erwähnen vor dem Krieg einen milden Winter und ein frühes Frühjahr. Da in den vergangenen

Jahren sehr oft milde Winter waren, ist diese Aussage vielleicht nicht so auffällig.

Irlmaier meint, dass die Bauern im März Hafer bauen.

Nach anderen Prophetien soll es im Kriegsjahr einen Kälteeinbruch im Frühjahr oder Sommer geben. Conchita, die Seherin von Garabandal sagte auch: Das Wunder geschehe nach dem „großen Schnee".

Das Wunder

In meiner Graphik habe ich als nächstes das prophezeite Wunder von Garabandal angeführt. Dieses Wunder von Garabandal wurde den Seherkindern so beschrieben:

„Die heilige Jungfrau sagte mir ctwas über das Wunder. Sie verbot mir, das Datum früher als acht Tage vor dem Wunder bekannt zu machen. Was ich sagen darf ist, dass dieses Wunder am Festtag eines Märtyrers der heiligen Eucharistie stattfinden wird ... Es wird an einem Donnerstag um 20.30 Uhr (Ortszeit) sein und im Dorf und den umliegenden Bergen zu sehen sein.

Die anwesenden Kranken werden geheilt und Ungläubige werden zum Glauben finden. Es wird das größte Wunder sein, das Jesus jemals in der Welt gewirkt hat. Es wird nicht den geringsten Zweifel geben, dass es von Gott kommt.

Im Pinienhain wird ein Zeichen dieses Wunders für immer bleiben. Es ist möglich, dieses Zeichen im Fernsehen zu sehen. Man kann es fotografieren, aber nicht berühren"[47].

Ein anderes Mal sagte Conchita über das große Wunder: „Es wird 15 Minuten dauern ... Es wird an einem Tag zwischen dem 7. und 17. März, April oder Mai passieren. Acht Tage vor dem Wunder wird Conchita das Datum bekanntgeben … Warnung und Wunder werden sich innerhalb eines Jahres ereignen."

Das Wunder wird nicht an einem Herrenfest stattfinden. Die Kirche feiere am Tag des Wunders aber ein bedeutendes, erfreuli-

---

[47] vgl. Weber, Anton, Der Zeigefinger Gottes, Weto, 2000

ches Ereignis, das Conchita noch nicht erlebt habe. Vielleicht kommt es nach der Warnung zu einer Vereinigung der Kirchen – möglicherweise der Katholischen und Orthodoxen Kirche. Das wäre sicher ein bedeutendes Ereignis in der Kirche. Es könnte an diesem Tag z.B. auch ein Papst selig- oder heilggesprochen werden, wie manche meinen.

Dem blinden Amerikaner Joe Lomangino hat die Muttergottes vorhergesagt, dass er nach dem Wunder von Garabandal wird sehen können. Lomangino wurde 1928 geboren; im Jahr 2008 war er schon 80 Jahre alt. Sollten ihm noch wenige Jahre seines Lebens sehend geschenkt werden, dann dürfte das Wunder nicht mehr sehr lange auf sich warten lassen.

Über das bleibende Zeichen wurde schon viel diskutiert. Am vernünftigsten scheint mir die Idee zu sein, dass es sich dabei um eine Licht- oder Wolkensäule handeln könnte. Eine derartige Säule wäre zu filmen, man könnte sie aber nicht berühren.
Eine Wolkensäule hat für die Juden eine besondere Bedeutung, denn sie bezeichnet immer die Anwesenheit Gottes. Die Juden würden daher sehen, wo Gott heute anwesend ist: in der Katholischen Kirche; und es müsste zu zahlreichen Konversionen unter den Juden kommen.

Es gibt auch Berichte, dass das Wunder nach einem Besuch des Papstes in Moskau stattfinden solle.

Wie dem auch immer sei, das große Wunder von Garabandal geht dem Strafgericht voraus, das auch in Garabandal für den Fall angekündigt wird, dass sich die Welt nicht bessert.

Noch etwas ist bezeichnend. Wenn das Wunder im Kalenderjahr 2011 stattfinden sollte, dann wäre dies 50 Jahre nach Beginn der Erscheinungen in Garabandal und 30 Jahre nach Beginn der Erscheinungen von Medjugorje.

Zerstörung New Yorks

In vielen Büchern wird von der Zerstörung New Yorks als Vorzeichen der kommenden Ereignisse gesprochen. Die in der Geheimen Offenbarung angekündigte Zerstörung der großen Stadt Babylon (Offb 18) kann sich wohl nur auf New York beziehen. Inwiefern der 11. September 2001 schon die Erfüllung dieser Prophetie war, weiß niemand. Durch Gebet kann ja vieles abgeschwächt werden. Am 11.9.2001 wurden jedenfalls die Türme des Welthandelszentrums, des Zeichens von Macht und Geld, in einer einzigen Stunde zerstört. Das Zusammenfallen der Türme konnte man im Fernsehen und auch vom Meer aus sehen. Wenn es darüber hinaus noch zu einer Zerstörung von ganz Manhattan kommen sollte, dann sicher unmittelbar vor Beginn der allgemeinen Wirren von ‚53', also im April, Mai oder Juni. Ich wäre glücklich, wenn der 11. September 2001 schon die Erfüllung des Offenbarungstextes (Offb 18) gewesen wäre.

Gerede vom Frieden

Im ersten Thessalonicherbrief lesen wir: „Ihr selbst wisst genau, dass der Tag des Herrn kommt, wie ein Dieb in der Nacht. Während die Menschen sagen: Friede und Sicherheit, kommt plötzlich Verderben über sie, wie die Wehen einer schwangeren Frau, und es gibt kein Entrinnen" (1 Thess 5,2-3). Diese Paulusstelle gilt natürlich für den „Jüngsten Tag", den wir jetzt noch nicht erwarten, sie gilt natürlich auch für jeden Menschen im Augenblick seines Todes. Sie ist aber auch eine Mahnung dafür, dass der Friede plötzlich aufhören kann.

In vielen weltlichen Botschaften wird davon gesprochen, dass die kriegerischen Ereignisse die betroffenen Länder vollkommen unvorbereitet treffen werden. Der Kleinbauer Dietrich Eilert (1764-1833), der als „alter Jasper" bekannt ist, hat gesagt: „Abends wird man sagen: Friede, Friede … und morgens stehen die Feinde schon vor der Tür"[48]. Ähnlich auch die Aussage von

---

[48] Angerer Anton, Das steht der Welt noch bevor, Mediatrix, 2004, S 273

Irlmaier: „Die Bauern sitzen beim Kartenspiel im Wirtshaus, da schauen schon die fremden Soldaten bei den Fenstern und Türen herein"[49].

Es ist daher durchaus möglich, dass es vor einem Nahostkrieg oder anderen kriegerischen Ereignissen in ,53' zu großen Friedensdemonstrationen kommt. Der Krieg wird aber unmittelbar danach ausbrechen.

In den „Amsterdamer Botschaften" findet man folgende Stelle: „Der Papst wird über alles informiert. Er ist vollkommen unterrichtet über das, was geschehen wird. Es ist sogenannter Friede, aber in Wirklichkeit ist es nicht so. Alles ist Tarnung vor der Welt "[50].

Bürgerkriege und Revolten

In den Botschaften der kirchlich anerkannten Erscheinungsstätte **La Salette** heißt es für Frankreich, Italien, Spanien und England: „Das Blut wird auf den Straßen fließen. Der Franzose wird mit dem Franzosen kämpfen, der Italiener mit dem Italiener. Schließlich wird es einen allgemeinen Krieg geben, der entsetzlich sein wird. Für eine Zeitlang wird Gott weder Italiens noch Frankreichs gedenken, weil das Evangelium Christi ganz in Vergessenheit geraten ist. Die Bösen werden ihre ganze Bosheit entfalten. Man wird sich töten, man wird sich morden bis in die Häuser hinein"[51].

Pater Pio prophezeit, dass in Rom die Kommunisten die Macht über Nacht ohne Schwertstreich erringen und die rote Fahne im Vatikan hissen werden.

Irlmaier sieht Paris im Feuer und prophezeit: „Die Stadt mit dem eisernen Turm wird Opfer der eigenen Leute"[52].

---

[49] Angerer Anton, Das steht der Welt noch bevor, Mediatrix, 2004, S 120
[50] Die Botschaften der Frau aller Völker, Miriam, 1998, 12. Botschaft vom 30.8.1947
[51] Angerer, Anton, Das steht der Welt noch bevor, Mediatrix, 2004, S 84
[52] ebd., S 122

Katharina vom Ötztal sagt auch für Österreich Revolutionen voraus. Andere Propheten sprechen auch von Unruhen in Deutschland. Hauptsächlich aber betrifft die Revolution Italien.

Die dem Krieg vorausgehenden Revolten sind nach einer globalen Wirtschaftskatastrophe nicht überraschend. In Paris und Athen haben schon viele Autos gebrannt; sie wurden meist von jenen angezündet, die in ihrem Leben keine Perspektive mehr sehen, meist von jugendlichen Arbeitslosen. Die unzufriedene Bevölkerung kann leicht von Ideologen unterwandert und für ihre Zwecke missbraucht werden. Es gibt sicher einen kritischen Prozentsatz von Arbeitslosen, wo nur ein Funke genügt, um eine allgemeine Revolution auszulösen. Das letzte Beispiel von Athen hat dies deutlich gezeigt.

Kommen zur Arbeitslosigkeit noch eine Versorgungskrise und Probleme mit Migranten hinzu, dann kann das soziale Pulverfass noch schneller explodieren. Ansätze sind immer wieder zu sehen, z.B. die Revolten der Migranten auf der italienischen Insel Lampedusa[53] im Jänner 2009.

Neuer Nahostkrieg

In den „Amsterdamer Botschaften", die ja Hauptquelle dieser Überlegungen sind, steht: „Und ich sehe dann ‚Jerusalem' geschrieben stehen. Dann erkenne ich plötzlich zwei Linien mit einem Pfeil an den Enden und es steht bei dem einen: ‚Russland' und bei dem anderen ‚Amerika'"[54].

Später heißt es: „Um und in der Nähe von Jerusalem werden schwere Gefechte ausgetragen werden. Auf einmal sehe ich deutlich Kairo, und ein eigenartiges Gefühl steigt in mir auf.

Dann sehe ich allerlei orientalische Völker: Perser, Araber usw. Die Frau sagt: ‚Die Welt wird gleichsam in zwei Teile zerrissen werden … und ich fühle viel Leid und Elend'"[55].

---

[53] Die Presse vom 25.1.2009
[54] Die Botschaft der Frau aller Völker, Miriam 1988, 7. Botschaft vom 7.2.1946
[55] Die Botschaften der Frau aller Völker, Miriam, 1998, 14. Botschaft vom 26.12.1947

Die besonders in den letzten Jahren erfolgte Eskalation durch den Irakkrieg und die Atomprogramme des Irans haben die Welt wirklich noch mehr entzweit.

An einer anderen Stelle heißt es: „Es wird um das Recht gehen (Rechtmäßigkeit des Staates Israel?). Innerhalb sehr kurzer Zeit werden ernste Dinge geschehen. Chaos, Verwirrung, Zweifel und Verzweiflung werden vorausgehen. Über St. Peter werden schwere Wolken hängen, ... Die orientalischen Völker halten in Jerusalem ihre Hände vors Gesicht. Sie werden wehklagen über ihre Stadt"[56].

Es wird also einen besonderen Nahostkrieg geben, bei dem es zu Kämpfen in und um Jerusalem kommen wird. Viele weltliche Propheten sagen einen derartigen Nahostkrieg als Vorbote des großen Krieges voraus. Dieser Krieg wird aber plötzlich und unerwartet dann entbrennen, wenn alle vom Frieden reden.
Der letzte Nahostkrieg vom Dezember 2008 bis Jänner 2009 war vielleicht ein kleiner Vorgeschmack. Am 25. Dezember 2008 feierte man die Geburt Jesu, das Fest des Friedens. Am 26. Dezember fielen im Gaza-Streifen die Bomben. Am 1.1.2009 begann die Weltgebetsoktav für den Frieden. Unmittelbar darauf starteten die israelischen Bodentruppen den Einmarsch im Gazastreifen.
Wie gesagt, das war nur ein Vorgeschmack. Ereignen müsste sich ein neuer Nahostkrieg, in den auch Jerusalem mit einbezogen werden wird, zwischen Mai und Juli von ‚53'.

Balkankrieg, Mordserie

Dass der Balkan noch nicht befriedet ist, ist allen Insidern klar. Es gibt dort einige Pulverfässer. In den Botschaften von Amsterdam heißt es: „Jetzt sehe ich plötzlich den Balkan. Dort ist Kampf. Sie kämpfen wieder. Die Frau sagt: ‚Kind, es wird zu einem schweren Kampf kommen. Wir sind aus diesem Kampf

---

[56] Die Botschaften der Frau aller Völker, Miriam, 1998, 15. Botschaft vom 28.3.1948

noch nicht heraus'"[57]. Die Passage: „Wir sind aus diesem Kampf noch nicht heraus" könnte bedeuten, dass nach dem Balkankrieg (in Ex-Yugoslawien) noch weitere Kriege folgen könnten.

Besonders interessant ist die Aussage von Alois Irlmaier: „Der eigentliche zündende Funke wird im Balkan ins Pulverfass geworfen"[58].

Nach einigen Quellen werden drei „Hochgestellte" ermordet. Nach dem Mord an dem dritten Hochgestellten „geht es über Nacht los". Der große europäische Krieg wird unmittelbar nach diesem dritten Mord ausbrechen. Der Zeitpunkt dürfte irgendwann im Juli von ‚53', am Höhepunkt der italienischen Revolten liegen – nach der Flucht des Papstes.

Flucht des Papstes

Die zukünftige Flucht des Papstes wird von vielen Propheten vorausgesagt. Auch in den „Amsterdamer Botschaften" hört man die Gefahr heraus. In der zwölften Botschaft wird direkt das Wort „Verbannung" erwähnt. Der Text ist so aussagekräftig, dass ich eine längere Passage zitieren will:

„Ein Gefühl der Schwere überfällt mich, und ich höre die Worte: ‚Es ist ein schwerer Druck da', und ich sehe deutlich Italien vor mir liegen. Es ist, als würde ein ganz schweres Gewitter darüber losbrechen. Ich muss zuhören und verstehe: ‚Verbannung'. Ich gehe gleichsam über Italien, und mir scheint, als müsse ich Schläge austeilen. Dann höre ich: ‚Es ist, als ob es dort Schlag auf Schlag kommen würde'. Inzwischen sehe ich sehr deutlich den Norden und den äußersten Süden Italiens vor mir liegen. Dazwischen erkenne ich Mittelitalien. Es herrscht dort eine unheimliche Stille. Keine Menschen sind dort, nichts, nur Totenstille. Dann sehe ich, wie sich eine große Kuppel erhebt. Auf einmal beginnt es über ihr immer fester und mit immer dickeren Tropfen zu regnen. Dann sehe ich plötzlich, dass es keine normalen Regentropfen, sondern Blutstropfen sind, die vom Himmel auf die

---

[57] Die Botschaften der Frau aller Völker, Miriam, 1998, 17.Botschaft vom 1.10.1949
[58] Angerer, Anton, Das steht der Welt noch bevor, Mediatrix, 2004, S 138

Kuppel herabfallen. In der Ferne sehe ich ein Kreuz im Licht stehen, und ich höre: ‚Das wird ein großer, politisch-christlicher Kampf, kirchliche Politik'"[59].

Es gibt in den „Amsterdamer Botschaften" noch mehrere Stellen, die von äußerer und innerer Bedrohung Roms sprechen. Eine Prophetie besonderer Art kennen wir vom Hl. Don Bosco. Er hatte diese Vision im Mai 1873.

„Nachdem die Menschen in der Nacht der geistigen Verwirrung am Himmel ein helles Licht erblickten und dem Papst folgten, geschah folgendes: Indem jenes Licht ziemlich verdunkelt wurde, schien sich eine Schlacht zwischen dem Licht und der Finsternis zu entwickeln. Inzwischen kam man zu einem mit Toten und Verwundeten bedeckten Platz, von denen mehrere mit lauter Stimme um Stärkung baten. Die Reihen der Prozession lichteten sich sehr. Nachdem sie ein Stück weit gegangen, das zweihundert Sonnenaufgängen (= 200 Tage) entspricht, gewahrte jeder, dass er (der Papst?) nicht mehr in Rom war. Verzagtheit ergriff die Seelen aller, und sie scharten sich um den Papst, um seine Person zu schützen und ihm in seinen Nöten beizustehen. In jenem Augenblick wurden zwei Engel gesehen, die ein Banner trugen und es dem Papst überreichten, wobei sie sprachen: ‚Empfange das Banner derjenigen, die die stärksten Heere der Erde schlägt und zerstreut. Deine Feinde sind verschwunden, deine Söhne rufen mit Tränen und Seufzern nach deiner Rückkehr'"[60].

Don Bosco beschreibt hier ganz klar, dass nach einem besonderen Ereignis sich viele Menschen um den Papst scharen werden. Durch dieses Ereignis beginnt aber eine Schlacht zwischen Licht und Finsternis, die nach 200 Tagen dazu führt, dass der Papst aus Rom flüchten muss. Für dieses die Scheidung der Geister auslösende Ereignis kommt für mich praktisch nur die Warnung in Frage. Ich bin daher überzeugt, dass die Flucht des Papstes 200

---

[59] Die Botschaften der Frau aller Völker, Miriam, 1998, 12. Botschaft vom 30.8.1947

[60] Angerer, Anton, Das steht der Welt noch bevor, Mediatrix, 2004, S 215

Tage nach der Warnung erfolgen wird. Diese Passage erinnert an den ersten Petrusbrief: „Die Zeit ist da, in der das Gericht beim Hause Gottes beginnt" (1 Petr 4,17).

Wie nahe wir jener Zeit sind, zeigt ein „Fernsehgericht", das der Sender Niederlande 2 ausstrahlte. Die fünfköpfige "Bürger-Jury" sprach dabei den Terroristen Osama Bin Laden frei und „verurteilte" Papst Bendikt XVI. wegen Massenmordes (keine Befürwortung von Kondomen) und Diskriminierung Homosexueller.[61]

Ich will jetzt etwas vorgreifen, damit wir bei der Schilderung der weiteren Ereignisse nicht ganz verzagen. Don Bosco sieht auch die Rückkehr des Papstes nach Rom. Der Papst richtet nach den überstandenen Wirren ein besonderes Rundschreiben an die Welt. Er kehrt nach Rom zurück und stimmt im Petersdom das Te Deum an. Don Bosco schreibt: „Die Städte, die Orte, das Land war an Bevölkerung verringert; die Erde war zerstampft wie von einem Gewitter, von einem Wolkenbruch und vom Hagel, und die Leute gingen einander entgegen und sagten ergriffenen Gemütes: ‚Das ist der Gott Israels.'
Vom Beginn des Exils (des Papstes) bis zum Gesang des Te Deum erhob sich die Sonne zweihundertmal. Die ganze Zeit, die in der Erfüllung jener Dinge verstrich, entspricht vierhundert Sonnenaufgängen"[62].

Papstweissagung von Don Bosco																
,52'			,53' ↓ Flucht des Papstes											,54'		
10	11	12	1	2	3	4	5	6	7	8	9	10	11	12	1	2	3
	200 Tage								200 Tage								
Spiel						Spiel								Spiel		

Damit gibt uns Don Bosco einen großen zeitlichen Rahmen, von dem wir nicht genau Beginn und Ende (Spiel), aber die Dauer

[61] „TV-Gerricht verurteilt Papst", Illustrierter „Stern" vom 16.4.2009
[62] Angerer, Anton, Das steht der Welt noch bevor, Mediatrix, 2004, S 216

kennen. Die ganze „Kernzeit" dieser apokalyptischen Ereignisse
beträgt 400 Tage, das sind 13 Monate und einige Tage.

Nachdem man zum Wunder nach Garabandal noch ungehindert
reisen kann und auch eine gefahrlose Rückkehr gewährleistet sein
wird, werden die Revolten voraussichtlich erst knapp vor dem
Krieg ausbrechen, also im Zeitraum Juni bis Juli ‚53'.
Von den vielen Quellen, die von einer Flucht des Papstes sprechen, möchte ich nur noch Alois Irlmaier erwähnen. Er sagt: „Im
Stiefelland (Italien) bricht eine Revolution aus, in der sie alle
Geistlichen umbringen. Ich sehe Priester mit weißen Haaren tot
am Boden liegen. Hinter dem Papst ist ein blutiges Messer, aber
ich glaub', er kommt ihnen im Pilgerkleid aus. Er flieht ... her-
nach wird er die Krönung feiern. Wir müssen viel beten, dass die
Gräuel abgekürzt werden"[63].

Der dritte Weltkrieg

„Amsterdamer Botschaften"
In den „Amsterdamer Botschaften" wird an keiner einzigen Stelle
von einem dritten Weltkrieg gesprochen. Es ist allerdings nicht
so, dass wir nach diesen Botschaften keinen Krieg mehr zu erwarten hätten, im Gegenteil.
Die Frau sagt deutlich: „Bittet sie, den Verfall aus dieser Welt zu
verbannen! Aus dem Verfall entsteht Unheil. Aus dem Verfall
entstehen Kriege"[64].
Unmittelbar nach Ende des zweiten Weltkrieges lesen wir schon
in der vierten Botschaft: „Dann zeigt sie einen neuen, jedoch seltsamen, erst viel späteren Krieg an, der schreckliche Katastrophen
verursachen wird"[65].
Diese Botschaft wurde am 29.8.1945 gegeben, drei Monate nach
der Kapitulation Deutschlands und 13 Tage nach der Kapitulation
Japans. Es ist doch bemerkenswert, dass die Frau unmittelbar

---

[63] Angerer, Anton, das steht der Welt noch bevor, Mediatrix, 2004, S 122
[64] Die Botschaften der Frau aller Völker, Miriam, 1998, 51. Botschaft vom 31.5.1955
[65] Die Botschaften der Frau aller Völker, Miriam, 1998, 4. Botschaft vom 29.8.1945

nach Ende des 2. Weltkrieges von einem „neuen, seltsamen, viel späteren Krieg" spricht. Dieser „neue Krieg" steht daher in Bezug zum „alten Krieg", der gerade zu Ende gegangen war.

Der „alte Krieg", auf den die Frau hinweist, war sicherlich der 2. Weltkrieg. Der „neue, seltsame, viel spätere Krieg" ist sehr wahrscheinlich der 3. Weltkrieg.

Die Frau spricht auch von neuartigen Waffen, die entwickelt und offenbar eingesetzt werden und sagt: „Es ist höllisch ... und sie sind dabei, das zu erfinden ... der Russe, aber auch die anderen"[66].

Mit Nachdruck sagt sie: „Sie müssen noch mehr beten. Betet, um den Verfall aufzuhalten! Die ganze Welt wird sich selbst vernichten, wenn sie das nicht tun. Deshalb ließ ich dich das sehen"[67].

Es wird so fürchterlich, dass die Frau sagt: „Die Kräfte der Hölle werden losbrechen"[68].

Dieser zukünftige Krieg bricht nicht zufällig aus, er wird geplant. Die Frau benennt die Schuldigen klar: „Die Arbeiter und Planer der Weltvernichtung"[69].

Anna Maria Taigi

Die selige Anna Maria Taigi spricht von zwei Strafgerichten, die kommen werden: „Eines geht von der Erde aus, nämlich Kriege, Revolutionen und andere Übel, das andere Strafgericht geht vom Himmel aus"[70].

La Salette

In der Botschaft von La Salette, aus der ich schon eine Passage zitiert habe, lesen wir, was nach den Bürgerkriegen passieren wird: „Auf den ersten Hieb seines Schwertes, das wie ein Blitz einschlagen wird, werden die Berge und die ganze Natur vor Entsetzen zittern, weil die Unordnungen der Menschen und ihre Verbrechen das Himmelsgewölbe durchdringen.

---

[66] Die Botschaften der Frau aller Völker, Miriam, 1998, 14. Botschaft vom 26.12.1947
[67] Die Botschaften der Frau aller Völker, Miriam, 1998, 18. Botschaft vom 19.11.1949
[68] Die Botschaften der Frau aller Völker, Miriam, 1998, 48. Botschaft vom 3.12.1953
[69] Die Botschaften der Frau aller Völker, Miriam, 1998, 23. Botschaft vom 15.8.1950
[70] Angerer, Anton, Das steht der Welt noch bevor, Mediatrix, 2004, S 194

Paris wird niedergebrannt und Marseille verschlungen werden. Mehrere große Städte werden niedergebrannt und durch Erdbeben verschlungen werden. Man wird glauben, alles sei verloren. Man wird nur Menschenmord sehen. Man wird nur Waffengetöse und Gotteslästerungen hören. Die Gerechten werden viel leiden; ihre Gebete, ihre Bußübungen und ihre Tränen werden zum Himmel emporsteigen, und das ganze Gottesvolk wird um Verzeihung und Erbarmen flehen und meine Hilfe und meine Fürbitte anrufen. Dann wird Jesus Christus durch eine Tat seiner Gerechtigkeit und seiner großen Barmherzigkeit für die Gerechten seinen Engeln befehlen, alle seine Feinde dem Tode zu überliefern"[71].

Der Ablauf des Krieges

Der prophezeite Ablauf dieses Krieges ist in der einschlägigen Literatur nachzulesen. Besondere Quellen sind für mich Angerer Anton[72], Bekh Wolfgang[73] und Stephan Berndt[74]. In allen drei Büchern findet man Hinweise auf eine Fülle weiterer Literatur.

Der Verlauf des Krieges wird nach den Prophetien etwa so aussehen: Unmittelbar nach dem Mord am „dritten Hochgestellten" geht es über Nacht los. Der Zeitpunkt des Kriegsbeginns liegt unmittelbar nach der Getreideernte, etwa Ende Juli bis Mitte August. Russland überfällt in einer Blitzaktion in drei Stoßkeilen Westeuropa. Die Panzer gelangen bis zum Rhein und werden dort aufgehalten.

Eine interessante Prophetie von **Landinger** aus Böhmen beschreibt, warum die Panzer nicht weiterkommen: „Das Tier wollte mit der Zunge den Rhein lecken, konnte ihn aber nicht erreichen. Dann wollte es Köln umfangen, aber der Erzbischof segnete die Stadt mit einem Doppelkreuz. Da wurde die Zunge des Tieres wie lahm, es brüllte, dass die Erde bebte"[75].

---

[71] Angerer, Anton, Das steht der Welt noch bevor, Mediatrix, 2004, S 85
[72] Angerer, Anton, Das steht der Welt noch bevor, Mediatrix, 2004
[73] Bekh, Wolfgang, Am Vorabend der Finsternis, Pfaffenhofen, 1988
[74] Berndt, Stephan, Prophezeiungen zur Zukunft Europas, Reichel, 2007
[75] Berndt, Stephan, Prophezeiungen zur Zukunft Europas, Reichel, 2007, S 271

Der Nachschub der Russen wird durch einen „Todesstreifen" von der Ostsee über Prag nach Südosten unterbunden. Es kommt zu einer gigantischen Schlacht „am Birkenbaum".

Östlich von Köln ist alles vernichtet. Es könnten in dieser Phase auch Atombomben zum Einsatz kommen, aber der Krieg wird durch ein Eingreifen Gottes beendet und führt nicht zu einem totalen Atomkrieg und einer Vernichtung der ganzen Erde. Die Dauer des Krieges dürfte drei Monate betragen, etwa bis Ende Oktober/Anfang November.

Gebet und Buße können die Ausmaße der kommenden Vernichtung mindern. Bei einer radikalen Umkehr der Menschheit bliebe das Szenario überhaupt aus. Bei dem derzeitigen unaufhaltsamen Abwärtstrend der Sitten und Moral scheint dies aber utopisch zu sein. Es ist daher angebracht, für die kritische Zeit eine Mindestvorsorge zu überlegen. Gute Informationen finden Sie in der Homepage von Stephan Berndt[76].

Die sichersten Gebiete während des Krieges sind, grob gesagt, die Alpen, das Alpenvorland und Südbayern. Die sicherste Vorsorge überhaupt ist ein „reines Herz", denn „was kann uns scheiden von der Liebe Christi? Bedrängnis oder Not oder Verfolgung, Hunger oder Kälte, Gefahr oder Schwert?" (Röm 8,35).

„Dreitägige Finsternis"

Kaum ein zukünftiges Ereignis wird von so vielen Sehern vorausgesagt, wie die „dreitägige Finsternis". Der vor der totalen Eskalation stehende Krieg wird plötzlich durch ein Eingreifen Gottes der besonderen Art abgebrochen.

Anna Maria Taigi

In den Seligsprechungsakten der seligen Anna Maria Taigi findet man folgende Passage: „Gott wird zwei Strafgerichte verhängen. Eines geht von der Erde aus, nämlich Kriege, Revolutionen und

---

[76] www.prophezeiungen-zur-zukunft-europas.de

andere Übel, das andere Strafgericht geht vom Himmel aus. Es wird über die ganze Erde eine dichte Finsternis kommen, die drei Tage und drei Nächte dauern wird.

Diese Finsternis wird es ganz unmöglich machen, irgendetwas zu sehen. Ferner wird die Finsternis mit Verpestung der Luft verbunden sein, die zwar nicht ausschließlich, aber hauptsächlich die Feinde der Religion hinwegraffen wird.

Solange die Finsternis dauert, wird es unmöglich sein, Licht zu machen. Nur geweihte Kerzen werden sich anzünden lassen und Licht spenden.

Wer während der Finsternis aus Neugierde das Fenster öffnet und hinausschaut oder aus dem Hause geht, wird auf der Stelle tot hinfallen. In diesen drei Tagen sollen die Leute in ihren Häusern bleiben, den Rosenkranz beten und Gott um Erbarmen anflehen.

Alle offenen und geheimen Feinde der Kirche werden während der Finsternis zugrunde gehen. Nur einige, die Gott bekehren will, werden am Leben bleiben. Die Luft wird verpestet sein"[77].

Hl. Pater Pio

Pater Pio sagt über diese „dreitägige Finsternis" folgendes:

„Aus den Wolken werden Orkane von Feuerströmen sich über die Erde verbreiten. Sturm und Unwetter, Donnerschläge und Erdbeben werden einander folgen, unaufhörlich wird der Feuerregen niedergehen. Der Wind wird Gift und Gas mit sich führen, das sich auf der ganzen Erde ausbreitet.

Damit ihr euch auf das Ereingis vorbereiten könnt, gebe ich euch folgendes Zeichen: Die Nacht ist sehr kalt, der Wind braust, und nach einiger Zeit wird der Donner einsetzen. Dann versperrt alle Türen und Fenster und sprecht mit niemand außerhalb des Hauses. Kniet euch nieder vor dem Kreuz und bereut eure Sünden. Bittet meine Mutter um ihren Schutz.

Während die Erde bebt, schaut nicht hinaus, denn der Zorn meines Vaters ist heilig.

---

[77] Angerer, Anton, Das steht der Welt noch bevor, Mediatrix, 2004, S 194

In der dritten Nacht werden Erdbeben und Feuer aufhören, und am folgenden Tag wird die Sonne wieder scheinen. Die Engel werden vom Himmel steigen und den Geist des Friedens über die Erde bringen"[78].

Alois Irlmaier

Alois Irlmaier sagt: „Während des Krieges kommt die große Finsternis, die 72 Stunden dauert. Finster wird es werden an einem Tag unterm Krieg. Dann bricht ein Hagelschlag aus mit Blitz und Donner, und ein Erdbeben schüttelt die Erde. Dann geh nicht aus dem Haus. Die Lichter brennen nicht, außer Kerzenlicht. Der Strom hört auf. Wer den Staub einschnauft, kriegt einen Krampf und stirbt. Mach die Fenster nicht auf, häng sie mit schwarzem Papier zu. Alle offenen Wasser werden giftig und alle Speisen, die nicht in verschlossenen Dosen sind. Auch keine Speisen in Gläsern, die halten es nicht ab. Draußen geht der Staubtod um, es sterben sehr viele Menschen.
Nach 72 Stunden ist alles wieder vorbei. Aber noch mal sage ich: Geh nicht hinaus, schau nicht beim Fenster hinaus, lass die geweihte Kerze oder den Wachsstock brennen und bete!"[79].

Nach den Aussagen von Irlmaier handelt es sich um einen „Hagelschlag" mit Blitz und Donner. Die damit verbundene Staubwolke ist derartig dicht, dass es drei Tage und drei Nächte finster bleibt und die Außenluft mit giftigen Dämpfen erfüllt ist.

Die plausibelste Erklärung für dieses Geschehen ist, dass ein riesiger Meteoritenschwarm die Erde trifft oder es zu einem Impakt eines großen Meteors kommt. Erst am 18.1.2009 hat ein Meteor mit etwa zwei Metern Durchmesser unter einem mächtigen Donnerschlag eine leuchtende Spur über den Nachthimmel von Norddeutschland bis hinauf nach Schweden gezogen und dabei viele Menschen aufgeschreckt.

---

[78] Angerer, Anton, Das steht der Welt noch bevor, Mediatrix, 2004, S 276
[79] Angerer, Anton, Das steht der Welt noch bevor, Mediatrix, 2004, S 121

Marie-Julie Jahenny

Die 50 Jahre ans Bett gefesselte und stigmatisierte Marie-Julie (1850 – 1941) hatte am 4.3.1891 folgende Vision: „Es wird eine dreitägige Finsternis in der Natur eintreten; während dreier Nächte und zwei Tagen wird eine ununterbrochene Nacht sein. Die geweihten Kerzen von Wachs werden allein noch Licht spenden. Eine einzige Kerze wird für drei Tage hindurch reichen. In den Häusern der Gottlosen und der Gotteslästerung werden die bösen Geister in den abscheulichsten und entsetzlichsten Gestalten erscheinen. Sie werden in den Lüften die schrecklichsten Gotteslästerungen hören lassen. Die Blitze werden in eure Wohnungen eindringen, aber sie werden das Licht der geweihten Kerzen nicht auslöschen, weder der Wind noch der Sturm noch die Erdbeben werden sie auslöschen. Die Erde wird bis in ihre Grundfesten erschüttert werden. ... „[80].

Lied der Linde

Das „Lied der Linde" geht vermutlich auf den Heiligen Bartholomäus Holzhauser (1613-1658) zurück. Die älteste erhaltene Abschrift ist mindestens 100 Jahre alt.

> „Strafe kommt, drei Tage Finsternis,
> Blitz und Donner und der Erde Riss,
> Bet' daheim, verlasse nicht das Haus!
> Auch am Fenster schaue nicht den Graus!
>
> Eine Kerze gibt die ganze Zeit allein,
> Sofern sie brennen will, dir Schein.
> Gift'ger Odem dringt aus Staubesnacht,
> Schwarze Seuche, schlimmste Menschenschlacht.
>
> Gleiches allen Erdgebor'nen droht,
> Doch die Guten sterben sel'gen Tod.
> Viel Getreue blieben wunderbar
> Frei von Atemkrampf und Pestgefahr"[81].

---

[80] Angerer, Anton, Das steht der Welt noch bevor, Mediatrix, 2004, S 169
[81] Angerer, Anton, Das steht der Welt noch bevor, Mediatrix, 2004, S 204

Botschaften von Amsterdam

In den Botschaften von Amsterdam finden wir kein Wort von einer „dreitägigen Finsternis". Es wird aber an zwei Stellen von Meteoren gesprochen. „ ... ich bekomme auf einmal etwas in die Hand. Es ist, als müsse ich es aus der Luft greifen. Es kommt aus großer Höhe herunter. Ich höre die Stimme sagen: ‚Meteore, achte darauf!'"[82].

Die zweite Stelle lautet: „ ... achtet auf die Meteore; es werden Katastrophen kommen; es werden Naturkatastrophen kommen"[83].

Zusammenfassung

Warum berichten so viele Seher von dieser „dreitägigen Finsternis"? Dieses zukünftige Ereignis wird nicht vorausgesagt, damit wir Nervenkitzel bekommen, sondern es geht um eine dreifache Information:

1. Wir sollen wissen, dass der große Krieg durch ein Eingreifen Gottes beendet werden wird. Ich nehme an, dass die Information über das Kommen eines Meteors oder Meteoritenschwarmes trotz des Kriegsgeschehens vorher bekannt sein wird. Man kann daher noch rechtzeitig vorsorgen, Türen und Fenster abdichten und schließen; geweihte Kerzen, Nahrung und Wasser bereitstellen.
2. Die Verhaltensregeln sind genau zu beachten: Keine Türen und Fenster öffnen. In diesen drei Tagen werden viele Menschen vor den Richterstuhl Gottes gerufen. Bitten wir um Vergebung unserer Schuld und beten wir um Barmherzigkeit für all jene, die in diesen Tagen sterben werden.
3. Es ist wichtig, dass man weiß, dass diese Finsternis nur 72 Stunden dauern wird und dass man am vierten Tag das Schlimmste überstanden hat.

---

[82] Die Botschaften der Frau aller Völker, Miriam, 1998, 23. Botschaft vom 16.11.1950
[83] Die Botschaften der Frau aller Völker, Miriam, 1998, 45. Botschaft vom 20.3.1953

Ende einer Ära

Im Zusammenhang mit der „dreitägigen Finsternis" bekommen zwei in den Prophetien auftauchende Ereignisse eine besondere Bedeutung. Da gibt es zunächst die Aussage einiger Propheten, die behaupten, dass nach den drei finsteren Tagen die Sonne im Westen aufgehen werde. Und dann gibt es die sonderbare Aussage der Seherin Conchita von Garabandal über ein „Ende der Zeit", das aber nicht das „Ende der Welt" sein soll. Wir wollen uns beide Aussagen näher ansehen.

Astrophysikalische Veränderung der Erde

Unter dem Sammelbegriff „Astrophysikalische Veränderung der Erde" möchte ich alle Veränderungen der Erdbewegungen oder Magnetfelder zusammenfassen.

Anna Henle

Die junge stigmatisierte Mystikerin Anna Henle aus Aichstetten berichtet Folgendes:

„Drei Tage Nacht werden noch kommen. Wenn dann die Irrlehren und Sekten verschwinden, wenn sie mit der Geißel der Strafrute geläutert und verstummen, dann wird es herrlich und Friede werden. Die Strafe trifft die ganze Welt. Die drei Tage der Finsternis sind zu vergleichen mit den drei Stunden Jesu am Kreuze – und sie kommen schnell. Es wird plötzlich Nacht werden und die Erde wird zittern und beben wie noch nie ... "[84].

Lied der Linde

In dem schon erwähnten „Lied der Linde" findet sich folgende Textpassage: „Nimmt die Erde plötzlich andern Lauf, steigt ein neuer Hoffnungsstern herauf? ‚Alles ist verloren!', hier's noch klingt, ‚Alles ist gerettet', Wien schon singt"[85].

Die Erde soll danach einen „anderen Lauf" nehmen? Manche sprechen von einem „Kippen der Erdachse" von Nord auf Süd.

---

[84] Angerer, Anton, Das steht der Welt noch bevor, Mediatrix, 2004, S 275
[85] Angerer, Anton, Das steht der Welt noch bevor, Mediatrix, 2004, S 205

Dies würde einen Sonnenaufgang im Westen zur Folge haben. Wie aber soll so eine Veränderung ohne Zerbersten der Erde vor sich gehen? Von woher kommen die dazu erforderlichen enormen Kräfte – oder sind sie doch nicht so groß?

Bei konstanter Beschleunigung und anschließender Verzögerung müsste diese Beschleunigung an der Erdoberfläche nur 1/10.000 der Erdbeschleunigung sein. In 1000 Sekunden, also in etwas mehr als einer viertel Stunde würde man dabei auf Fußgängergeschwindigkeit beschleunigt. Ein Mechanismus, der das bewirken könnte, ist allerdings nicht bekannt.

Berichte aus der Antike

Es gibt auch historische ägyptische Aufzeichnungen, die einen Sonnenaufgang im Westen erwähnen. Der „Magische Papyrus Harris" spricht von einem kosmischen Aufruhr mit Feuer und Wasser, bei dem der „Süden zum Norden wird und die Erde kippt"[86]. Im „Papyrus Ipuwer" wird in ähnlicher Weise berichtet, dass das Land sich umdrehe wie eine Töpferscheibe und die Erde sich auf dem Kopf drehte. Dieser Papyrus beklagt die fürchterliche Verwüstung, die der Aufruhr der Natur angerichtet hat[87].

Im Grab Senmuts, des Baumeisters der Königin Hatschepsut, zeigt ein Feld in der Decke des Grabes die Himmelskugel mit den Tierkreiszeichen und anderen Sternbildern in „umgekehrter Ausrichtung" des südlichen Himmels.[88]

Wir finden auch von Plato einen interessanten Text: „Zu gewissen Zeiten hat das Weltall seine gegenwärtige Kreisbewegung und zu anderen Zeiten dreht es sich in entgegengesetzter Richtung ... Von allen Wandlungen, die sich am Himmel abspielen, ist diese Umkehrung die größte und umfassendste"[89].

---

[86] Velikovsky, Immanuel, Welten im Zusammenstoß, J.White Publishing, 2005, S 133
[87] Velikovsky, Immanuel, Welten im Zusammenstoß, J.White Publishing, 2005, S 134
[88] Velikovsky, Immanuel, Welten im Zusammenstoß, J.White Publishing, 2005, S 134
[89] Velikovsky, Immanuel, Welten im Zusammenstoß, J.White Publishing, 2005, S 134

Seltsame Funde

Es gibt auch Untersuchungen, die zeigen, dass die Magnetpole von erstarrter Lava in geologisch jüngerer Zeit vertauscht waren[90].

Der Autor des Buches „Welten im Zusammenstoß"[91] schildert noch wesentlich mehr Befunde aus vorchristlicher Zeit, die einen Sonnenaufgang im Westen tatsächlich möglich erscheinen lassen.

Hopi-Indianer

Ein Medizinmann der Hopi-Indianer hat seinem Sohn im Jahr 1920 folgende Prophetie mitgeteilt: „ ... eines Tages würde die Erde sich umkehren, würde sich überschlagen. Wenn das geschehe, sagte er, das sei der Tag der Reinigung"[92].

Nostradamus

Der berühmte Seher Nostradamus schreibt in der sogenannten „Vorrede an Heinrich II.": „Im Monat Oktober werden einige so große Verschiebungen eintreten, dass man glauben wird, die Schwerkraft der Erde hätte ihre natürliche Bewegung verloren und die Erde wäre hinausgeschleudert in die ewige Finsternis"[93].

Heilige Schrift

In diesem Zusammenhang möchte ich auch einige Texte der Heiligen Schrift erwähnen. So heißt es im Neuen Testament: „Und gewaltige Hagelbrocken, zentnerschwer, stürzten vom Himmel auf die Menschen herab" (Offb 16,21) oder „Sofort nach den Tagen der großen Not wird sich die Sonne verfinstern und der Mond wird nicht mehr scheinen; die Sterne werden vom Himmel fallen und die Kräfte des Himmels werden erschüttert werden" (Mt 24,29).

Diese beiden Schriftstellen stehen zwar eher im Zusammenhang mit dem endgültigen Kommen des Herrn, sie könnten aber auch

---

[90] vgl. Velikovsky, Immanuel, Welten im Zusammenstoß, J.White Publishing, 2005, S 140
[91] Velikovsky, Immanuel, Welten im Zusammenstoß, J.White Publishing, 2005
[92] Berndt, Stefan, Prophezeiungen zur Zukunft Europas, Reichel, 2007, S 99
[93] ebd.

schon für unsere Zeit Geltung haben, wie es ja oft mit Texten der Heiligen Schrift der Fall ist.

Interessant ist auch eine Josuastelle, die eine astrophysikalische Veränderung in der Zeit des Alten Testamentes beschreibt: „Und die Sonne blieb stehen und der Mond stand still, bis das Volk an seinen Feinden Rache genommen hatte. Das steht im ‚Buch des Aufrechten'. Die Sonne blieb also mitten am Himmel stehen und ihr Untergang verzögerte sich, ungefähr einen ganzen Tag lang" (Jos 10,13).

„Amsterdamer Botschaften"

In den „Amsterdamer Botschaften" finden sich folgende eigenartige Bemerkungen: „Jetzt sehe ich die Erde, und es ist, als würde es um einen Ruck weitergehen. Dann sagt die Frau: ‚Auch die Natur verändert sich'"[94].

In derselben Botschaft werden auch andere eigenartige Naturphänomene beschrieben: „Plötzlich werde ich über die Erde gestellt. Die Weltkugel befindet sich unter uns. Ich sehe jetzt etwas ganz Eigenartiges, etwas, was wir nicht kennen. In der Mitte ist eine Fläche, ganz blau und von endloser Tiefe. Ringsherum erscheinen Ringe, Kreise von prächtigen Farben, die ineinander fließen. Es sind Farben, die wir nicht kennen. Während ich so im Raum schwebe, werde ich plötzlich wie von einem Magneten nach unten gezogen. Die Frau sagt: ‚Es sind Naturkräfte. Du wirst davon hören.' Mir scheint, als wäre das für später. Wir gehen dann weiter und kommen oberhalb der Ringe in ein endloses Licht. Es ist ein sehr eigenartiges und seltsames Licht. Dann gelangen wir über einen anderen Ring, der sehr schwer für mich ist. Meine Hände und mein ganzer Körper werden gefühllos. Es ist, als würde ich schweben, nach oben und nach unten"[95].

Diese Schilderung passt zu einer anderen Beschreibung der „dreitägigen Finsternis", nach der alles wankt und einem scheinbar der

---

[94] Die Botschaften der Frau aller Völker, Miriam, 1998, 16. Botschaft vom 7.5.1949

[95] ebd.

Boden unter den Füßen weggezogen wird. Es könnte sein, dass die Seherin in dieser Vision vom Weltall aus das Magnetfeld der Erde – vielleicht auch das Gravitationsfeld – zu sehen und zu spüren bekam.

In der 14. Botschaft vom 16.2.1947 finden wir den bemerkenswerten Satz: „Während sich das alles durcheinander dreht, erscheint auf der linken Seite ein Kreis, und in diesem dreht sich der Globus. Dann sehe ich plötzlich eine große Sonnenuhr. Ich höre, wie die Frau sagt: ‚Die Sonnenuhr ist gewendet.'"

Überlegungen

Durch das Abschmelzen der Pole könnte sich die Erdachse natürlich verlagern. Dies würde keine Veränderung der Himmelsrichtungen hervorrufen, wohl aber des Klimas. Irlmaier sagt ja, dass nach der „dreitägigen Finsternis" bei uns Südfrüchte wachsen würden. Aufgrund der Polverschiebung käme es zu einer einschneidenden Klimaveränderung.

Wenn die Erde aus dem Gleichgewicht gerät und kippt, so dass sich Norden und Süden, Osten und Westen vertauschen und zusätzlich die Erdachse eine andere Neigung einnimmt, dann würden sich 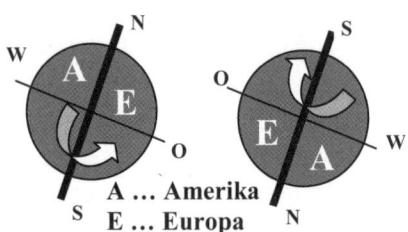 die Himmelsrichtungen und auch das Klima ändern.

Selbst wenn es keine Verlagerung der Erdachse oder eine Umpolung der Magnetpole gäbe, so könnte der Impakt eines Meteors oder die Kollision der Erde mit einer Meteoritenwolke eine Verkürzung oder Verlängerung des Tages bewirken.

Die Erde erfährt auf jeden Fall durch die „dreitägige Finsternis" eine deutlich wahrnehmbare astrophysikalische Veränderung. Stünde die Erde nach der „dreitägigen Finsternis" tatsächlich „auf dem Kopf", dann würden sich natürlich auch die Jahreszeiten innerhalb von drei Tagen vertauschen. Zu Beginn der Finsternis wäre Winter, an ihrem Ende Sommer.

Dass dadurch nicht vorgewarnte Menschen fast den Verstand verlieren könnten, ist nicht von der Hand zu weisen. Zuerst diese fürchterlichen drei Tage und dann auch das noch!

Das „Ende der Zeit"

Dass es zwischen dem „Ende der Zeit" und dem „Ende der Welt" einen Unterschied gibt, davon erfahren wir von der Seherin Conchita aus Garabandal. Sie sagt, dass es vor dem „Ende der Zeit", das nicht das „das Ende der Welt" sein wird, nach Papst Paul VI. nur noch zwei Päpste geben werde. (Papst Johannes Paul I. wurde wegen der Kürze seines Pontifikates von der Muttergottes nach der Aussage Conchitas nicht mitgezählt.) Wenn dies stimmt, dann wäre Papst Benedikt XVI. der letzte Papst vor dem „Ende der Zeit"!

Was bedeutet das? Gibt es nachher keine Päpste mehr? Es gibt einige, die glauben, dass nach der „dreitägigen Finsternis" Christus selbst seine Kirche leiten werde. Das aber ist eine sehr unwahrscheinliche Hypothese und biblisch nicht begründet.

Durch die „dreitägige Finsternis" kommt es – wie immer – zu einer einschneidenden, astrophysikalischen Veränderung auf der Erde. Die auf dieses Ereignis folgende Epoche muss man dann ja eine „Neue Zeit" nennen!

Man wird sich in irgendeiner Form auf diese „Neue Zeit" – auch physikalisch neu – besonders einstellen müssen. Mit der „dreitägigen Finsternis" geht daher eine so genannte echte „Zeitenwende" einher, die allerdings absolut nichts mit New Age und Esoterik zu tun haben wird.

Das Papsttum wird nicht der Vergangenheit angehören, sondern für die nachfolgende Zeit sogar von ganz großer Bedeutung sein. Glaubt man den Aussagen Conchitas, dann wird der derzeitige Papst Benedikt XVI. der große Papst der Wende sein. Er wird jener Papst sein, der die Kirche durch die Drangsale hindurch, über das „Ende der Zeit" hinaus, in eine „Neue Zeit" des Friedens führen wird.

War einst Papst Johannes Paul II. der Papst der Jahrtausendwende, so wird Papst Benedikt XVI. der Papst der Zeitenwende sein. Zur Zeit dieser epochalen Ereignisse haben dann zwei überragend große Persönlichkeiten die Geschicke der Kirche gelenkt.

Die „Dreier" von Irlmaier

Wenn man der Zeitdauer der einzelnen geschilderten Ereignisse nachgeht, dann fallen folgende Dreiergruppen auf:

1. Drei Jahre Katastrophen: ,51', ,52' und ,53'
2. Drei Monate Krieg: August, September und Oktober in ,53'
3. Drei Tage Finsternis: am Ende von ,53'

Irlmaier hat auf die Frage, wie lange der Krieg dauern würde, gesagt: „Ich sehe deutlich einen Dreier, aber ob es drei Tage, drei Wochen oder drei Monate sind, weiß ich nicht"[96].

Vielleicht konnte sich Irlmaier deshalb nicht entscheiden, weil es jeweils einen Dreier für die Katastrophen (3 Jahre), einen für den Krieg (3 Monate) und einen für die Finsternis (3 Tage) gibt.

Das ist aber nur ein interessantes Nebenprodukt unserer Betrachtungen.

---

[96] Angerer, Anton, Das steht der Welt noch bevor, Mediatrix, 2004, S 122

Das Amsterdamer Jahr ‚54'

Der Friede in der Welt

Es gibt Prophetien, nach denen es auch nach der „dreitägigen Finsternis" noch vereinzelt Kriege geben soll. Ich persönlich glaube das zwar nicht; Sie wissen aber, Jona kann sich irren.

Klar ist, dass die Menschheit zu Maria Zuflucht nehmen wird. Dadurch können eventuell noch bestehende Konflikte (z.B. im Nahen Osten) eingedämmt werden und es kommt wirklich zu einem dauerhaften Frieden.

Maria sagt, dass die Völker nach ‚54' vor Erleichterung aufatmen werden. Es kann ja sein, dass die Nachkriegszeit besondere Härten hat, die nach ‚54' gemildert werden. Der „neue Friede" geht einher mit einem „neuen Frühling" in der Kirche, von dem noch berichtet wird.

Im Jahr ‚54' wird man auch klar erkennen, dass der nach so viel Leid erhaltene Friede schon viel früher – ohne Krieg – durch Umkehr und inständiges Gebet hätte kommen können.

Das Jahr ‚54' wird in den „Amsterdamer Botschaften" nur zweimal erwähnt, und zwar in der 47. Botschaft. Hierin geht es um die Verkündigung des letzten Mariendogmas, um den Frieden und die Evangelisation in der Welt.

Das letzte Mariendogma

Wir lesen in der 47. Botschaft: „Dann beginnt das große Werk: die Krönung Mariens, die Dogmatisierung der Miterlöserin, Mittlerin und Fürsprecherin. Lasst aber erst die Kirche und die Völker Maria unter ihrem neuen Titel anrufen und ihr Gebet beten, damit dadurch Verfall, Unheil und Krieg von dieser Welt abgewendet werden! Wenn sie das tun, dann werden die Völker Europas nach ‚54' vor Erleichterung aufatmen"[97].

---

[97] Die Botschaften der Frau aller Völker, Miriam, 1998, 47. Botschaft, 11.10.1953

In derselben Botschaft wird präzisiert: „Heiliger Vater, du hast eine große Aufgabe zu erfüllen, ehe du zu den Unseren kommen wirst! Nochmals sagt dir die Frau: Führe doch die Pläne durch, die du ausgearbeitet hast! Sorge für das letzte Dogma, die Krönung der Mutter des Herrn Jesus Christus, der Miterlöserin, Mittlerin und Fürsprecherin! Du sollst im Jahre ,54' diesen neuen Titel den Völkern bringen. Sorge für die Länder, in denen der Herr Jesus Christus verfolgt wird![98]".

In der 50. Botschaft wird dann der äußere Ablauf der Krönung Mariens beschrieben:
„Jetzt ist es, als würde ich mit der Frau plötzlich über der Kuppel einer großen Kirche stehen. Während wir hineingehen, höre ich die Frau sagen: ,Ich nehme dich mit hier hinein. Berichte, was ich dich sehen und hören lasse!' Wir sind jetzt in einer sehr großen Kirche, im Petersdom. Ich sehe lauter Kardinäle und Bischöfe beieinander. Dann kommt der Papst herein. Es ist ein Papst, den ich nicht kenne. Er wird auf einer Art Stuhl getragen, aber später geht er zu Fuß.
Menschen jubeln, und der Chor setzt ein. Jetzt sagt der Heilige Vater etwas in einer Sprache, die ich nicht verstehe, während er zwei Finger erhebt. Plötzlich steht die Frau wieder auf der Erdkugel. Sie lächelt und sagt: ,So, Kind, habe ich dich sehen lassen, was der Wille des Herrn Jesus Christus ist. Dieser Tag wird die Krönung seiner Mutter werden, der Frau aller Völker, die einst Maria war'"[99].

Diese Botschaft wurde an einem 31. Mai gegeben. Gleich zu Beginn der Botschaft steht der Satz: „Da bin ich wieder. Die Miterlöserin, Mittlerin und Fürsprecherin steht jetzt vor dir. Diesen Tag habe ich ausgesucht; an diesem Tag wird die Frau ihre Krönung erhalten." Das bedeutet, dass die Krönung Mariens auch an einem 31. Mai stattfinden wird.

---

[98] Die Botschaften der Frau aller Völker, Miriam, 1998, 50. Botschaft vom 31.5.1954ebd.
[99] ebd.

Es ist beruhigend, dass die Krönung Mariens im Petersdom geschieht. Das heißt, der Petersdom bleibt stehen, trotz aller Revolutionen, Katastrophen und Kriege. Das bedeutet auch, dass der Papst schon einige Zeit vor dem 31. Mai des Jahres ‚54' wieder im Vatikan sein muss.

Die große Weltaufgabe

Nach der Verkündigung des Dogmas wird man auf der ganzen Erde das Evangelium verkünden. Ida Peerdeman schreibt: „Und jetzt blickt die Frau über die Erdkugel, auf der sie steht, und sagt: ‚Dann kommt die große Weltaufgabe' ... Das kann und soll eine große Weltaktion werden, über der Maria als die Frau aller Völker stehen wird. Ich helfe! Ich werde durch meinen Herrn der Welt und den Völkern helfen dürfen"[100].

Die Enzyklika „Evangelii Nuntiandi" von Papst Paul VI. wird in ‚54' zur Grundlage einer weltweiten Evangelisation. Die Evangelisation der Völker der Erde wird die „große Weltaufgabe". Durch Warnung, Wunder und Strafe öffnen sich die Menschen aller Völker für das Evangelium. Es werden die im „Goldenen Buch"[101] genannten „Apostel der Endzeit" das Evangelium wirklich bis zu den Grenzen der Erde tragen und – das ist neu – es wird bereitwillig gehört werden.

Diese Evangelisation wird nicht mehr durch den Streit der einzelnen Kirchen blockiert werden. Es gibt nur mehr eine Herde mit einem Hirten. Die Christenheit kann in ‚54' geeint und kraftvoll mit einer Stimme sprechen. Der Heilige Geist erfüllt alle Völker. Die Frau sagt: „Betet dann, Völker, mein Gebet, auf dass der Heilige Geist wirklich und wahrhaftig komme!' Bei diesem letzten Satz faltet die Frau die Hände und hob sie hoch, so als würde sie den Menschen zeigen wollen, wie sie beten müssen"[102].

---

[100] Die Botschaften der Frau aller Völker, Miriam, 1998, 47. Botschaft vom 11.10.1953
[101] Grignion von Montfort, Ludwig Maria, Das goldene Buch, Kanisius, 1966
[102] Die Botschaften der Frau aller Völker, Miriam, 1998, 49. Botschaft vom 4.4.1954

Der „neue Frühling"

Aussagen über den „neuen Frühling"

„Die Frau aller Völker"

„Die Frau aller Völker" sagt in der 51. Botschaft: „Das Reich Gottes ist näher als je zuvor. Begreift diese Worte gut"[103]. In der gleichen Botschaft verspricht sie auch einen neuen Frühling und sagt: „Wenn die Zeit des Herrn Jesus Christus kommen wird, dann werdet ihr bemerken, dass falsche Propheten, Krieg, Zwietracht, Uneinigkeit verschwinden. Nun bricht die Zeit an. Das sagt euch die Frau aller Völker".

Papst Pius XII.

Papst Pius XII. verkündet am 2.10 1955: „Unter anderem scheint Gott der ganzen Menschheit etwas Ungewöhnliches zu bereiten"[104]. Und am 17.9.1958 spricht er: „Die Wiederherstellung des Reiches Christi durch Maria wird sich auf jeden Fall ereignen"[105].

Papst Johannes Paul II.

Papst Johannes Paul II. erklärte am 17.9.1984: „Mögen sich Gerechtigkeit und Friede noch einmal küssen (Ps.85,10) am Ende des zweiten Jahrtausends, das uns auf die Ankunft Christi in Herrlichkeit vorbereitet"[106].
In der Enzyklika „Redemtoris Mater" vom 25.3.1987 beschreibt der Papst ein dreifaches Kommen Christi (siehe Seite 85). Was soll die „zweiten Ankunft Christi" anderes bedeuten als die Ankunft eines „neuen Frühlings" in der Kirche? Diesen neuen Frühling hat Papst Johannes Paul II. so beschrieben: „Gott ist dabei, einen großen christlichen Frühling zu bereiten, dessen Morgenröte man schon ahnend erkennen kann"[107].

---

[103] Die Botschaften der Frau aller Völker, Miriam, 1998, 51. Botschaft vom 31.5.1955
[104] http://kommherr.kathhost.net/paepste.htm
[105] ebd.
[106] ebd.
[107] Papst Johannes Paul II., Redemptoris Missio 86

Marthe Robin

Marthe Robin, für die der Seligsprechungsprozess vor dem Abschluss steht, fleht: „O Herr, sende ein Pfingsten der Liebe über die ganze Erde!"

Hl. Schwester Faustyna

Die Hl. Schwester Faustyna schreibt an 12 Stellen von der Wiederkunft des Herrn. Sie spricht in diesem Zusammenhang von einem Triumph der Kirche. Jesus sagt ihr: „Ich wünsche, dass der Triumph der Kirche beschleunigt wird, dass das Fest der Barmherzigkeit auf der ganzen Welt begangen wird"[108].

Pater Pio

Pater Pio beschreibt den Tag nach der „dreitägigen Finsternis", so: „Die Engel werden vom Himmel steigen und den Geist des Friedens über die Erde bringen"[109]. „Es wird die Sonne wieder scheinen und es wird Frühling sein" (7.2.1950).

Alois Irlmaier

Eine weltliche Stimme zum Abschluss: Alois Irlmaier sagt: „Dann wird das Kreuz wieder zu Ehren kommen. Wenn alles vorbei ist, werden mehr Menschen tot sein als in den zwei Weltkriegen zusammen. Frieden wird und eine gute Zeit. Die Menschen werden wieder gottesfürchtig. Die Gesetze, die den Kindern den Tod bringen (Abtreibung), werden ungültig nach der Abräumung"[110].

Lied der Linde

„Wenn der engelgleiche Völkerhirt'
Wie Antonius zum Wandrer wird,
Den Verirrten barfuss Predigt hält,
Neuer Frühling lacht der ganzen Welt"[111].

---

[108] Schwester Faustyna Kovalska, Tagebuch, Parvis, 1987
[109] Angerer, Anton, Das steht der Welt noch bevor, Mediatrix, 2004, S 276
[110] ebd., S 123
[111] Angerer, Anton, Das steht der Welt noch bevor, Mediatrix, 2004, S 206

Ereignisse in Kirche und Welt

Ein neuer „Frühling in der Kirche"

Der heilige Don Bosco berichtet, dass der Papst 200 Tage nach Beginn des Exils wieder in den Petersdom einziehen wird. Die Flucht des Papstes können wir zwischen Mitte Juni und Anfang August in ‚53' ansetzen. Nehmen wir die zweite Julihälfte an, dann kommt der Papst nach knapp sieben Monaten wieder nach Rom zurück, das wäre Anfang März in ‚54'. Don Bosco sagt über den Papst weiter: „Als er dann die Heilige Stadt betrat, begann er zu weinen über die Verzagtheit, in der sich die Bürger befanden, deren viele nicht mehr waren. Nachdem er wieder in Sankt Peter eingetreten, stimmte er das Te Deum an, worauf ein Chor von Engeln singend antwortete: ‚Gloria in excelsis Deo et in terra pax hominibus bonae voluntatis.' Als der Gesang beendet war, hörte die Dunkelheit ganz auf, und es zeigte sich eine herrlich glänzende Sonne (es war eine neue gerechte Ordnung nach dem Dritten Weltgeschehen). Die Städte, die Orte, das Land war an Bevölkerung verringert; die Erde war zerstampft wie von einem Gewitter, von einem Wolkenbruch und vom Hagel, und die Leute gingen einander entgegen und sagten ergriffenen Gemütes: ‚Das ist der Gott Israels.' Vom Beginn des Exils (des Papstes) bis zum Gesang des Te Deum erhob sich die Sonne zweihundertmal"[112].

Der Papst wird – anderen Prophetien zufolge – ein Rundschreiben an die ganze Welt richten, damit die Sitten erneuert würden. Das herausragendste Ereignis in diesem „neuen Frühling" in der Kirche ist jedoch, wie schon erwähnt, die Proklamation des letzten Mariendogmas.

Die Bedeutung Marias für die letzte Zeit ist klar. Der Heilige Ludwig Maria Grignion von Montfort schreibt darüber: „Aber beim zweiten Kommen Jesu Christi muss Maria bekannt und vom

---

[112] Angerer, Anton, Das steht der Welt noch bevor, Mediatrix, 2004, S 216

Heiligen Geist offenbart werden, damit Jesus Christus durch sie bekannt und geliebt und damit ihm gedient wird. Denn die Gründe, die den Heiligen Geist dazu veranlasst haben, seine Braut während ihres irdischen Lebens zu verbergen ... sind nicht mehr gegeben"[113].

Der Glaube wird sich immer mehr verbreiten. Ida Peerdeman schildert eine Vision bei ihren Eucharistischen Erlebnissen so: „Danach sah ich eine Gruppe Menschen, und es war, als würden es immer mehr Gruppen von Menschen. Bei jeder Gruppe sah ich einen Priester"[114].

Man wird in dieser Zeit Priester und Katechisten suchen und ihren Worten begierig lauschen. Ich erinnere mich an das Schriftwort aus dem Alten Testament: „Seht es kommen Tage – Spruch Gottes, des Herrn –, da schicke ich den Hunger ins Land, nicht den Hunger nach Brot, nicht Durst nach Wasser, sondern nach einem Wort des Herrn" (Am 8,11).
Bücher, die den wahren Glauben verkünden, werden von allen gesucht werden. Viele Bücher, die jetzt unbeachtet sind, werden zu Ehren kommen, vor allem der Katechismus[115] und Glaubensbücher[116]. Die Kinder wird wieder die unverfälschte katholische Lehre gelehrt. Es kommt in dieser Zeit auch zum Zusammenschluss aller christlichen Kirchen und zu einer ungeahnten Neuevangelisation.

Man kann diese positiven Zukunftsaussichten zusammenfassen mit der Verheißung der Muttergottes in Fatima: „Am Ende aber wird mein Unbeflecktes Herz triumphieren!"

Ludwig Grignion von Montfort beschreibt die Apostel der Endzeit so: „Ein brennender Eifer für die Ehre Gottes wird ihnen ei-

---

[113] Grignion von Montfort, Ludwig Maria, Das goldene Buch, Kanisius, 1966
[114] Die Eucharistischen Erlebnisse, Miriam, 1999, Erlebnis vom 31.5.1969
[115] Katechismus der Katholischen Kirche, Oldenbourg, Benno, Paulusverlag, Veritas, 1993
[116] Das Unglaubliche Glaubensbuch – Verlagswerbung auf der letzten Seite

gen sein. Sie werden überall das Feuer der göttlichen Liebe entzünden. Sie werden wie scharfe Pfeile in der Hand der mächtigen Jungfrau sein, um ihre Feinde zu durchbohren. Durch große Prüfungen geläutert, werden sie fest in Gott verwurzelt sein. In ihrem Herzen tragen sie das Gold der Liebe, in ihrem Geist den Weihrauch des Gebetes, an ihrem Leib die Myrrhe der Abtötung. Den Armen und Geringen sind sie ein Wohlgeruch Christi, während sie bei den Großen, den Reichen und stolzen Weltkindern den Geruch des Todes hinterlassen werden. Sie gleichen donnernden Wolken, die beim geringsten Hauch des Heiligen Geistes durch die Lüfte fliegen. Sie verbreiten den Regen des Wortes Gottes und des ewigen Lebens ohne auf andere falsche Rücksicht zu nehmen, ohne sich durch freudige oder schmerzliche Ereignisse behindern zu lassen. Sie sollen gegen die Sünde und gegen die Welt auftreten und dadurch den Teufel und seinen Anhang niederschlagen.

Die Menschen, zu denen sie von Gott gesandt werden, sollen sie mit dem zweischneidigen Schwert des Wortes Gottes durchbohren, sei es zum Leben, sei es zum Tod. Sie werden als die wahren Apostel der letzten Zeiten auftreten. Der Herr der Heerscharen wird sie mit der Gabe des Wortes und mit der Macht, Wunder zu wirken, ausstatten. Sie werden glorreiche Siege über seine Feinde davontragen. Ohne Gold und Silber und – was noch wichtiger ist – ohne Sorgen werden sie wirken. Sie werden überall dort hinfliegen, wohin der Heilige Geist sie ruft. Wo sie gepredigt haben, werden sie nur das Gold der Liebe, das die Vollendung des ganzen Gesetzes ist, zurücklassen. Schließlich werden sie, als wahre Schüler Jesu Christi, in die Fußstapfen seiner Armut, Demut, Weltverachtung und Liebe treten und anderen den schmalen Weg zu Gott zeigen. Dabei werden sie sich nach dem Evangelium, nicht nach den Grundsätzen der Welt richten, ohne Ansehen der Person, ohne Schonung, ohne unangebrachte Rücksicht oder Furcht vor einem Menschen, mag er noch so mächtig sein. Sie werden in ihrem Mund das zweischneidige Schwert des Wortes Gottes führen, auf ihren Schultern die blutige Fahne des Kreuzes, das Kreuz in der Rechten, den Rosenkranz in der Linken; in ihrem Herzen die Namen Jesus und Maria, Bescheidenheit und Abtötung wird ihr Wesen prägen"[117].

Die neue Friedenszeit

Dieser „neue Frühling" in der Kirche geht einher mit der neuen Friedenszeit. Der Papst, der in den Vatikan zurückkehren wird, soll in ‚54' in Köln den neuen Kaiser krönen. Der Seher Spielbähn schreibt: „Das Deutsche Reich wird sich einen Bauern zum Kaiser wählen. Der wird ein Jahr und einen Tag Deutschland regieren. Der nun die Kaiserkrone nach ihm trägt, das wird der Mann sein, auf den die Welt lange gehofft hat. Er wird Kaiser heißen und der Menschheit den Frieden geben"[118]. Auch Irlmaier und andere sehen einen Deutschen Kaiser, der vom Papst noch vor dessen Rückkehr nach Rom in Köln gekrönt werden wird.

Es wird wieder eine Gesetzgebung nach der Ordnung Gottes geben. Alois Irlmaier sagt: „Die Gesetze, die den Kindern den Tod bringen, werden ungültig nach der Abräumung ... Das Klima hat sich geändert, es ist wärmer geworden, auch bei uns werden Südfrüchte wachsen wie in Italien. Wenn alles vorbei ist, da ist ein Teil der Bewohner dahin, und die Leute sind wieder gottesfürchtig. Friede wird sein und eine gute Zeit. Drei Kronen seh' ich blitzen, und ein hagerer Greis wird unser König sein. Auch die uralte Krone im Süden kommt wieder zu Ehren"[119].

Der Triumph der Kirche wird so groß sein wie noch nie. Glücklich, wer in diesen gesegneten Tagen leben darf! Die Kirche wird wirklich „eine heilige und weltweite Kirche sein". Diese Friedenszeit wird bis zum Auftauchen des Antichrists anhalten. Die Zeit des Antichristen aber ist nicht unser Thema. Zuerst müssen wir Gott bitten, die Zeit der kommenden Drangsal zu überstehen, damit wir den neuen „Frühling der Kirche" erleben können.

---

[117] Grignion von Montfort, Ludwig Maria, Das goldene Buch, Kanisius, 1966
[118] Angerer, Anton, Das steht der Welt noch bevor, Mediatrix, 2004, S 270
[119] ebd., S 123

Die begnadete **Mystikerin Luisa Piccarreta**[120], deren Seligsprechungsprozess eingeleitet ist, „schrieb 34 Bücher über ihre Erlebnisse mit Jesus und Maria, die alle das Kommen dieses Reiches zum Ziele haben. Es wird wie ein wahres Paradies auf Erden sein, mit Millionen von Menschen, die Gott hier auf unserer Erde so lieben werden, wie es die Heiligen im Himmel tun. Ich hoffe und bete, dass der Heilige Geist in allen Herzen das Verlangen erwecke, in diesem Reiche leben und lieben zu dürfen, in vollkommener Unterwerfung unter den heiligen Willen Gottes"[121].

Der Gründer der „Marianischen Priesterbewegung", **Don Gobbi**, schreibt über dieses Reich des göttlichen Willens folgendes: „Die neue Ära, die ich euch ankündige, fällt mit der vollen Erfüllung des göttlichen Willens zusammen, so dass sich schließlich das verwirklicht, was Jesus euch gelehrt hat, den himmlischen Vater zu bitten: ‚Dein Wille geschehe, wie im Himmel, so auf Erden.' Es ist die Zeit, in der die Geschöpfe den göttlichern Willen des Vaters, des Sohnes und des Heiligen Geistes erfüllen. Durch die vollkommene Erfüllung des göttlichen Willens wird die ganze Welt erneuert ... "[122].

Die Klarissin **Maria Agnes Steiner**, schrieb am 20. August 1842 folgende Zeilen: „Der Herr ließ mich die neue Welt schauen, o, wie schön war sie! Wenige, ja wenige blieben von der alten Welt (nach der Katastrophe des dritten Weltkrieges und der Finsternis) übrig. Jene wenigen aber erschienen alle eifrig und nur darauf bedacht, Gott zu loben, ihm zu danken und ihn zu preisen. Sie dachten nicht auf die irdischen Dinge und auf zeitlichen Gewinn, sondern das Streben aller war nur auf Heilung (Heiligung) gerichtet. Sie waren, kurz gesagt, wie die Christen der Urkirche"[123].

---

[120] Piccarreta Luisa, Das Reich des göttlichen Willens, Gaming, 2004
[121] http://kommherr.kathhost.net/heutige/neue-kirche.htm
[122] Don Gobbi, An die Priester…, Marianische Priesterbewegung, 1996
[123] Angerer, Anton, Das steht der Welt noch bevor, Mediatrix, 2004, S 237

Nachwort

Lieber Leser, ich habe nun meine Aufgabe erfüllt und laut in das „Ninive des 21. Jahrhunderts" hineingerufen.

Die Zukunft hängt davon ab, wie viele Menschen den Ruf Gottes zur Umkehr vernehmen und auch befolgen. Es ist wie beim Gleichnis vom Feigenbaum[124]. Weil dieser keine Frucht trug, wollte ihn der Besitzer umhauen lassen. Der Weingärtner aber erbat für ihn ein Jahr Gnadenzeit. Sollte er nach dieser Zeit auch keine Frucht tragen, dann würde er ihn umhauen.

Ihr steht in dieser Gnadenzeit. Fast jeder von Euch kann heute mit dem Internet umgehen oder kennt jemanden, der Euch dabei hilft. Unter dem Suchkriterium „Zeit der Gnade", erzielt man derzeit 23.000 Treffer. Das ist beachtlich!

Nutzt diese Zeit, um nach dem Evangelium zu leben und anderen das Evangelium näher zu bringen. Betet und opfert für jene, die die Liebe Gottes noch nicht erkannt haben, damit die „Zeit der Gnade" nicht ungenutzt vergeht. Nehmt Euch die Bewohner Ninives zum Vorbild!
Und wenn Ihr an Privatoffenbarungen zweifeln solltet: „Es ist besser die Privatoffenbarung zu glauben, als sie abzulehnen. Denn wenn sie echt sind, wirst Du Dich überglücklich schätzen, weil Du an sie glaubtest, als unsere Heilige Mutter es so verlangte. Und wenn es sich herausstellt, dass sie falsch waren, Du bekommst all die Segnungen, als ob sie echt gewesen wären"[125].

Ich, Euer Bruder Jona, erhebe meine Stimme, um eine Umkehr in letzter Stunde herbeizuführen. Aber nicht in erster Linie Angst, sondern Liebe und Vertrauen zum Barmherzigen Vater soll sie bewirken!

---

[124] Lk, 13,6-9
[125] Papst Urban VIII., 1636

Das Gebet der Frau aller Völker

Die Frau sagt: „Bete doch vor dem Kreuz"[126]:

Herr Jesus
Christus,
Sohn
des Vaters,
sende jetzt

Deinen Geist über die Erde.
Lass den Heiligen Geist wohnen
in den Herzen aller Völker,

damit sie
bewahrt
bleiben
mögen
vor Verfall,
Unheil
und Krieg.
Möge die Frau
aller Völker,
die selige
Jungfrau
Maria[127],
unsere
Fürsprecherin
sein.

Amen.

---

[126] Die Botschaften der Frau aller Völker, Miriam, 1998, 27. Botschaft vom 11.2.1951
[127] Der Passus „die Selige Jungfrau Maria" wurde auf Wunsch der Glaubenskongregation anstelle des ursprünglichen Textes: „die einst Maria war" eingefügt.

Zitate über die Wiederkunft

(Zitate von Papst Johannes Paul II.)

„Die Heilige Synode will ... die Kräfte aller Gläubigen sammeln, damit das Volk Gottes auf den schmalen Weg des Kreuzes voranschreitend, die Herrschaft Christi des Herrn, vor dessen Augen die Jahrhunderte stehen (vgl.Sir 36,19), ausbreite und seiner **Ankunft die Wege bahne**"[128].

„Die Wirren unseres Jahrhunderts sind der **Todeskampf einer alten Welt**"[129].

„Mögen sich Gerechtigkeit und Friede noch einmal küssen (vgl. Ps. 85,10) am Ende des zweiten Jahrtausends, das uns auf die **Ankunft Christi in Herrlichkeit** vorbereitet"[130].

„Im Geheimnis der Aufnahme in den Himmel kommt der Glaube der Kirche zum Ausdruck, nach dem Maria ‚durch ein enges und unauflösliches Band' mit Christus verbunden ist.
Denn wenn die jungfräuliche Mutter in einzigartiger Weise mit ihm bei seinem **ersten Kommen** verbunden war, wird sie es durch ihr fortwährendes Mitwirken mit ihm auch in der Erwartung seiner **zweiten Ankunft** sein; ‚im Hinblick auf die Verdienste ihres Sohnes auf erhabenere Weise erlöst', hat sie jene Aufgabe als Mutter und Mittlerin der Gnade auch bei seiner **endgültigen Ankunft**, wenn alle zum Leben erweckt werden, die Christus angehören, und ‚der letzte Feind, der entmachtet wird, der Tod ist' (1 Kor 15, 26)"[131].

„In einem wichtigen Augenblick ihres Lebens muss die Kirche des Millenniums sich bereit erklären, dem Herrn zu jeder Stunde

---

[128] Papst Johannes Paul II., Ad Gentes
[129] Papst Johannes Paul II., Ansprache vom 30.03.1985
[130] Papst Johannes Paul II., Ansprache vom 17.9.84
[131] Papst Johannes Paul II., Redemtoris Mater Nr. 41

zu begegnen und weiterhin treu und in freudiger Hoffnung auf seine **Wiederkunft** zu warten"[132].

„Die Kirche lebt im Geist, den Christus ihr gesandt hat, und schaut so auf das Millennium wie auf eine Zeit umfassender Erneuerung.
Der Heilige Geist hat die Macht, in der Kirche **ein neues Pfingsten** zu wirken. Dies verlangt von uns eine erneuerte Haltung der Demut, der Hochherzigkeit und der Aufgeschlossenheit für das reinigende Wirken des Geistes"[133].

„Wir richten unsere Augen auf den **Advent der zweiten Ankunft**, die durch den Tod und die Auferstehung des Sohnes vorbereitet wurde. Er hat sich bereits im Herzen der Mutter als derjenige offenbart, der war, der ist und der kommen soll (vgl. Offb 4,1.8)"[134].

„Die Herausforderung besteht darin, die Welt über die wahre Bedeutung des Jubeljahres 2000, das Gedächtnis des Geburtsjahres Jesu Christi, auf angemessene Art und Weise zu informieren.
Das Jubiläum darf nicht lediglich die Erinnerung an ein Ereignis in der Vergangenheit sein, so außergewöhnlich dieses auch sein mag. Es soll vielmehr die Feier einer lebendigen Gegenwart sein und eine Aufforderung, dem **zweiten Kommen** unseres Erlösers erwartungsvoll entgegenzusehen, wenn er ein- für allemal sein Königreich der Gerechtigkeit, der Liebe und des Friedens errichten wird"[135].

„Die ganze Kirche, im Osten und Westen, erwartet sein Kommen. Die Söhne und Töchter des Libanon erwarten seine Wiederkunft. Wir alle erleben den Advent der letzten Zeiten der Geschichte

---

[132] Papst Johannes Paul II., Ansprache vom 16.4.88
[133] Papst Johannes Paul II., Ansprache vom 14.4.88
[134] Papst Johannes Paul II., Gebet vor der Mariensäule in Rom am 08.12.1991
[135] Papst Johannes Paul II., Ansprache 28.02.1997 an den Rat für die Kommunikationsmittel

und alle suchen wir, **das Kommen Christi vorzubereiten**, das von ihm verkündete Reich Gottes zu erbauen"[136].

„Diese Pilgerfahrt muss weitergehen! Sie muss sich fortsetzen in eurem Leben. Sie muss sich fortsetzen im Leben der Kirche, die dem dritten christlichen Jahrtausend entgegenblickt. Sie muss sich fortsetzen als ein neuer Advent, ein Augenblick der Hoffnung und der Erwartung, bis zur **Wiederkunft des Herrn in Herrlichkeit**. Unsere Feier dieses Weltjugendtreffens war eine Ruhepause auf dem Weg, ein Augenblick des Gebetes und der Erholung, aber unsere Reise muss uns noch weiterführen"[137].

„Deinen Tod, o Herr, verkünden wir, und Deine Auferstehung preisen wir, bis Du kommst in Herrlichkeit. Die ganze Kirche erwartet sein Kommen, im Osten und im Westen. Die Söhne und Töchter des Libanon erwarten seine **Wiederkunft in Herrlichkeit**. Wir alle erleben die Ankunft der letzten Zeiten der Geschichte und wir alle versuchen, das Kommen Christi vorzubereiten, das Reich Gottes zu errichten, das er angekündigt hat"[138].

„Jetzt gilt uns die Verpflichtung, die wir noch Pilger auf Erden sind. Nach der Himmelfahrt Jesu fragen zwei Engel die Apostel: Was steht ihr da und schaut zum Himmel? Dieser Jesus ... wird wiederkommen' (Apg 1,11).
Die Frage richtet sich auch an uns: Jetzt sind wir in der Zeit der mühsamen und wachsamen Erwartung der **glorreichen Wiederkunft** Christi!
Unser Geist, von lebendiger Hoffnung beseelt, freut sich und ruft: Komm, Herr Jesus!' Und die Antwort, die im Buch der Offenbarung steht, erfüllt unser Herz mit Freude, wie das eines jeden Gläubigen:
„Ja, ich komme bald! Amen! (Offb 22,20)"[139].

---

[136] Papst Johannes Paul II., Beirut, Ansprache vom 11.05.1997
[137] Papst Johannes Paul II., Denver, Colorado, USA, 15.8.1993
[138] Papst Johannes Paul II., Beirut, Libanon, 11.5.1997
[139] Papst Johannes Paul II., Turin, Italien, 24.5.1998

Buchempfehlungen

Angerer, Anton
Das steht der Welt noch bevor, St. Andrä-Wördern, 2004
Wir durchleben jetzt eine der schwersten Phasen der Menschheit. Wir stehen vor einem Umbruch, wie es ihn bisher noch nie gegeben hat. Das Buch bietet einen ausführlichen Überblick über die Prophetien zur kommenden Zeit.

Piccaretta, Luisa
Im Reich des Göttlichen Willens, Gaming, 2004
Eine Dominikaneschwester, deren Seligsprechungsprozess läuft, lässt uns in drei Bänden an ihren von Gott geschenkten Offenbarungen über den „Göttlichen Willen" teilnehmen.

Die Botschaften der Frau aller Völker, Jestetten 1998
Die Frau aller Völker warnt vor einem großen geistigen Kampf, der über der Welt losbrechen wird. Die Menschheit muss wieder zum Kreuz zurückkehren, eher wird kein wahrer Friede sein.

Die Eucharistischen Erlebnisse; Jestetten 1998
Ida Peerdemann, die Seherin von Amsterdam erlebte persönlich Trost und geistige Hilfe in der persönlichen Begegnung mit Gott im Geheimnis der Heiligen Eucharistie. Von diesen Eucharistischen Erlebnissen berichtet dieses Buch.

Obereder, Ingeborg&Horst.
Das unglaubliche Glaubensbuch, St. Andrä-Wördern, 2007
Ein Theologieprofessor schreibt: „Das kleine Werk könnte zur Grundlage für eine Katechesekampagne werden." Ein Bischof sagt: „Es ist ein hervorragender Katechismus für jede Familie."
Wir müssen unseren Glauben besser kennen lernen, um die kommenden Wirren leichter überstehen und im neuen „Frühling der Kirche" den anderen überzeugend von unserem Glauben erzählen zu können.

Alle Bücher sind zu beziehen unter:
Mediatrix-Verlag
A-3423 St. Andrä-Wördern, Gloriette 5